I0153501

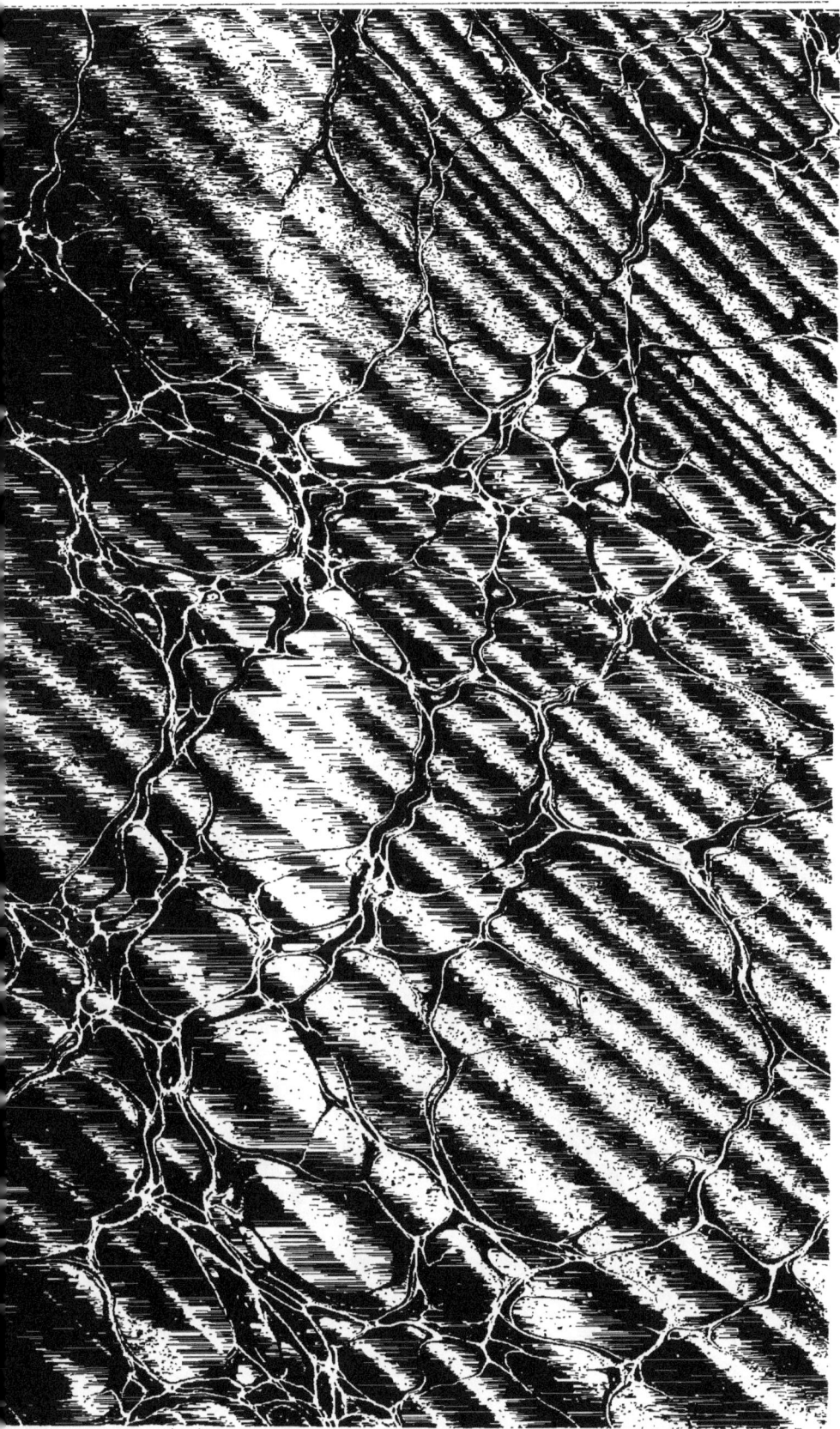

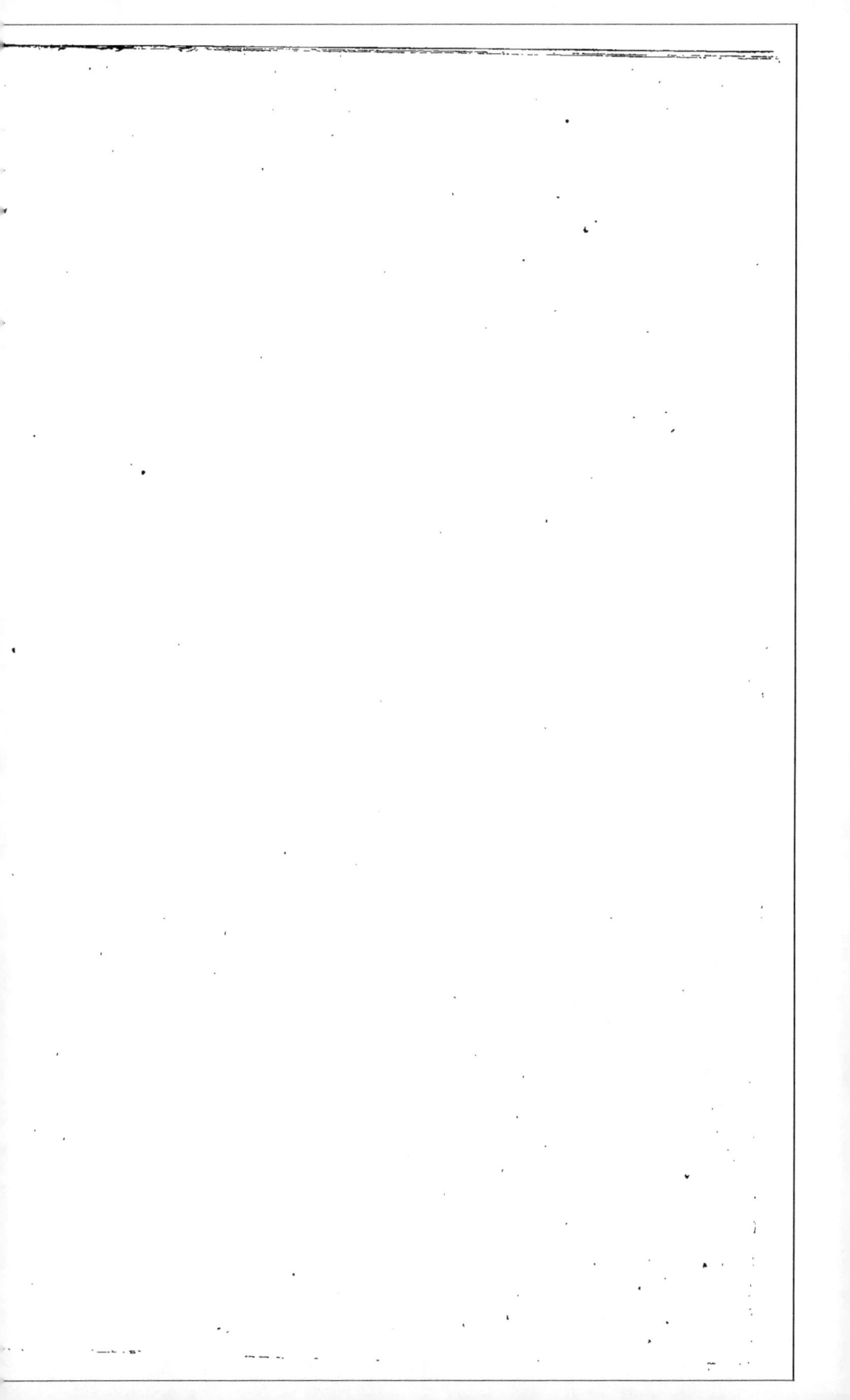

RECUEIL

DE MÉMOIRES.

RECUEIL

DES MÉMOIRES

ADRESSÉS

A L'INSTITUT NATIONAL

DE FRANCE,

SUR LA DESTITUTION

DES CITOYENS

CARNOT, BARTHÉLEMY, PASTORET,
SICARD et FONTANES.

PAR leur Collègue J. DE SALES.

NOUVELLE ÉDITION,

AUGMENTÉE D'UN SUPPLÉMENT.

A PARIS,

Chez J. J. Fusens, Libraire, rue des Mathurins,
N°. 334.

Prairial, an VIII.

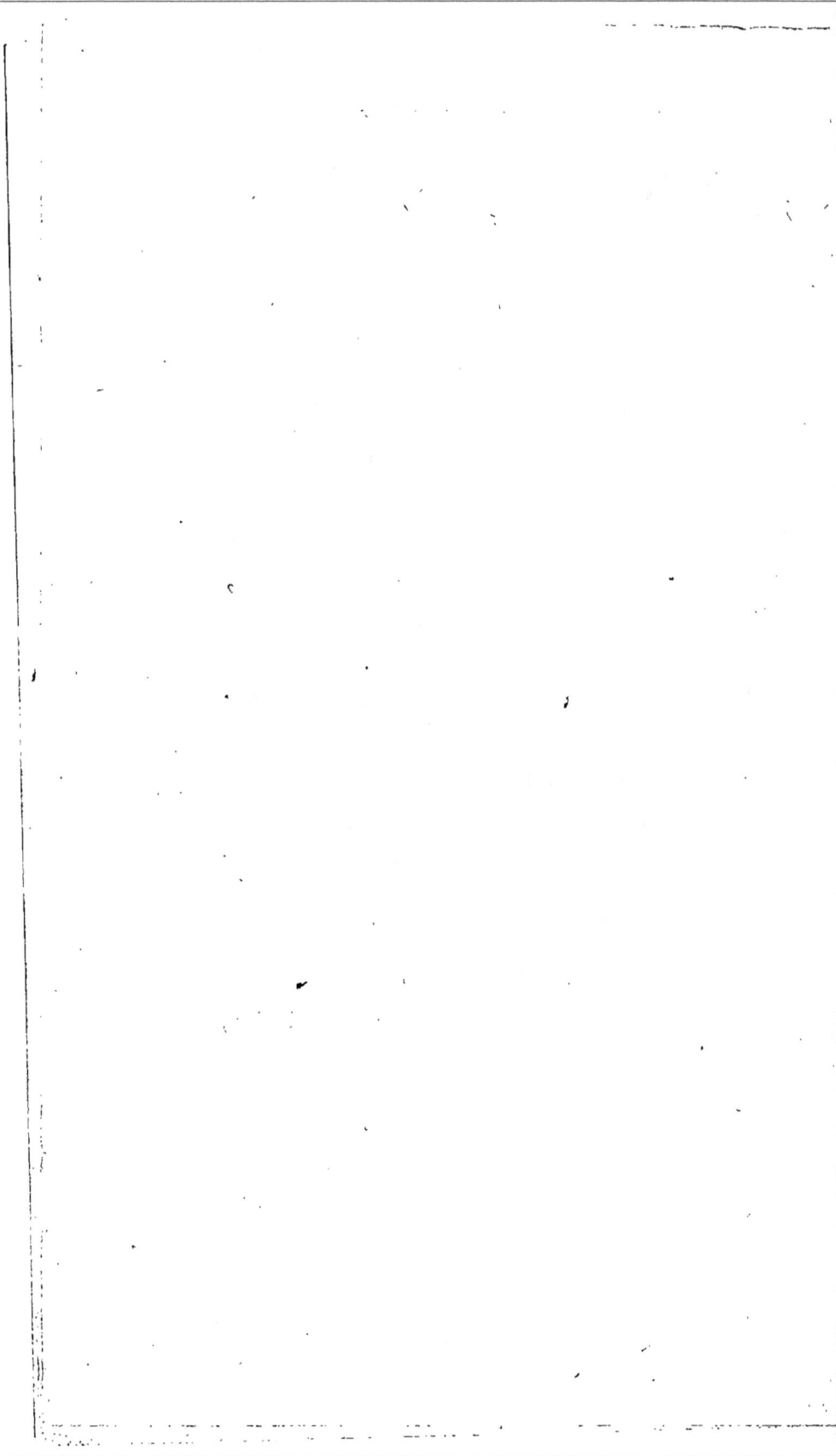

A

L'INSTITUT NATIONAL

DE FRANCE,

SUR LA DESTITUTION

DES CITOYENS

CARNOT, BARTHÉLEMY, PASTORET,
SICARD ET FONTANES,

PAR leur Collègue J. DE SALES.

A PARIS,

*LE 25 Ventose, an VIII de la République
Française.*

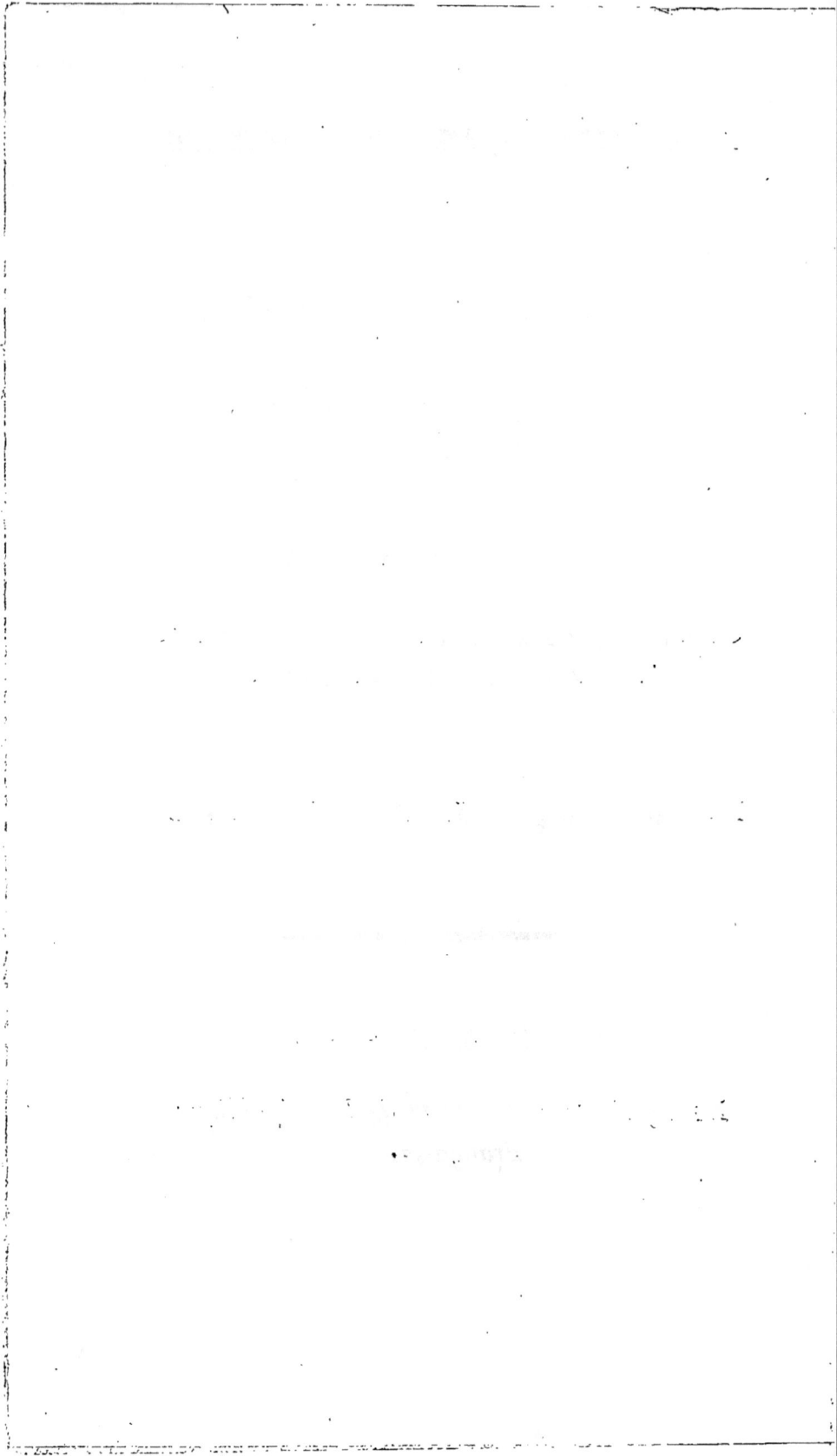

INTRODUCTION.

J'élève aujourd'hui, au sein de l'Institut, une question majeure, qu'il ne saurait refuser de discuter, sans compromettre sa gloire.

Il y a trente mois, qu'une lettre Ministérielle, émanée d'un Gouvernement qui n'est plus, prononça la vacance des cinq places, des citoyens Carnot, Barthélemy, Pastoret, Sicard et Fontanes, et nous enjoignit de leur donner des successeurs.

Maintenant que la Liberté Française a été conquise, et rendue à l'Institut, il s'agit d'examiner la valeur de cette Lettre de cachet Républicaine : et si, quand la cause d'une proscription littéraire a cessé, son effet doit subsister encore.

Je ne me dissimule point la position délicate où je me trouve : j'ai à combattre la timide circonspection d'un grand nombre de membres de l'Institut, qui craint, en rendant hommage aux principes, d'éveiller des haines. J'ai le malheur de différer d'avis avec une Classe entière que je révère, et qui croit éluder le danger de revenir sur ses pas, en s'exposant au danger plus grand encore d'une réélection : mais je ne sais point composer avec mes devoirs, faire céder l'honneur du Corps qui m'a adopté, à des opinions de circonstances, et rejetter mes regards en arrière, quand la postérité est devant moi.

Ainsi je dirai la vérité toute entière : mais je la dirai avec la circonspection qui empêche sa lumière de blesser, et la décence qui en fait pardonner le courage.

Pour éviter de me mesurer avec des hommes supérieurs à moi, que je ne dois point aspirer à vaincre, je me contenterai de transcrire ici le Mémoire, en faveur des cinq Déportés de l'Institut, que j'adressai, il y a trente mois, à un membre du Directoire ; toutes les raisons que je pourrais faire valoir en ce moment, s'y trouvent en substance ; il faut qu'elles ne tiennent pas à la théorie versatile des Révolutions, puisque l'ordre de choses n'étant plus le même, je ne trouve rien aujourd'hui à y changer.

A la suite de ce Mémoire se trouve, sous le nom de *Résultats*, l'opinion que je voulais émettre, le 5 pluviose dernier, lorsque je tentai vainement d'appeler la discussion sur le fond de la cause qui nous divise ; cette opinion n'a, je pense, rien qui répugne avec l'esprit de modération et de paix, qui anime mes collègues, et j'en appelle, à cet égard, au sang-froid de la lecture.

Quelque soit le jugement définitif que portera à cet égard l'Institut, dans sa séance du 5 germinal, j'aime à me persuader qu'il est impossible, à un Corps si sage, de se montrer au-dessous de lui-même, et que dans la cause des cinq Déportés, qui nous est commune à

(viij)

tous, il conciliera ce qu'il croit encore devoir
de déférence, à des opinions tombées en désuétude, avec la justice éternelle des siècles, et le
sentiment de sa propre dignité.

MÉMOIRE

SUR

LA DESTITUTION

DES CINQ MEMBRES DE L'INSTITUT,

CARNOT, BARTHÉLEMY, PASTORET, SICARD ET FONTANES,

DEMANDÉE PAR LE GOUVERNEMENT,

A la suite des événemens Révolutionaires du 18 Fructidor.

CITOYEN DIRECTEUR,

Le cinq Vendémiaire dernier, jour d'une séance générale de l'Institut, le Ministre de l'Intérieur a adressé au Président, une lettre dont voici le contenu :

« Le Directoire Exécutif m'a chargé de
» rappeler à l'Institut, qu'en conséquence

A

» des lois du 19 et du 22 Fructidor de l'an
» V, la place du cit. Carnot, dans la première
» Classe , celle du cit. Pastoret, dans la se-
» conde , celles des cit. Sicard et Fontanes,
» dans la troisième , et du cit. Barthélemy,
» associé, non résidant, sont vacantes: le Di-
» rectoire engage l'Institut à s'occuper de leur
» remplacement.

Ma première pensée, citoyen Directeur, à
la lecture d'une lettre qui contrastait si fort
avec la philosophie tolérante dont vous vous
honoriés, fut que les ennemis nés des lumières
avaient surpris votre religion, et mon premier
mot fut de demander la parole pour l'éclairer , pour faire pressentir la résistance que
l'opinion publique attendait de nous, pour
allier cette résistance avec les principes éter-
nels de justice, sans lesquels il n'y a point de
République.

La parole me fut refusée , et la stupeur
même dont je vis tout le monde saisi, me persuada encore plus, qu'il y avait une sorte de
droit dans ma pacifique insurrection : je ré-
fléchis sur la position délicate où se trouvait
un corps littéraire, quand il se trouvait froissé
entre sa morale et une loi de circonstances; et
prévoyant que si l'Institut était obligé de dé-

libérer sur la lettre ministérielle, il gémirait, mais obéirait, je me proposai d'écrire, sur ma propre responsabilité, aux chefs de la République, pour les engager à retirer eux-mêmes leur vœu impératif de faire rayer d'une liste purement littéraire, cinq noms qui n'avaient jamais démérité des lettres : c'était l'unique moyen de sauver des regrets à mes respectables collègues, et d'empêcher un Gouvernement qui voulait être juste, de rougir un jour en présence de l'histoire.

Tel est le motif de cet écrit, que seul j'imaginai, que seul j'ai la courageuse témérité de vous présenter, aimant mieux vous déplaire en vous servant, que vous nuire en vous obéissant : si vous y trouvez quelque logique et quelque sagesse, j'en renvoye la gloire à la grande majorité de l'Institut, dont j'ai tâché de deviner l'arrière pensée : si je me trompe, mes erreurs sont à moi, et dans le cas où les nouvelles lois les puniraient, c'est moi seul qu'elles doivent frapper.

———————

Le Directoire ne doute certainement pas du patriotisme de l'Institut : c'est lui qui, dans l'origine, choisit ceux de ses membres qui

. A 2

ont le plus marqué, non-seulement dans les sciences, dans les lettres et dans les arts, mais encore dans la Révolution : depuis cette époque, il n'a échappé, à cette première des Académies de l'Europe, aucune démarche qui put compromettre sa reconnaissance envers ses bienfaiteurs : toujours elle a su allier sa conscience avec sa circonspection : toujours elle a été au-devant des vœux du Pouvoir, lorsqu'il s'agissait de la propagation des principes : toujours elle a cherché à mettre en contact la liberté littéraire avec la liberté politique des Gouvernemens.

Si donc, dans la question qui fait l'objet de ce mémoire, étant tous d'accord sur les principes, nous sommes divisés sur les résultats, le Directoire ne doit pas trouver mauvais que je le dise avec cette franchise, que lui-même a provoqué sans cesse : franchise qui honore également le Gouvernant et le Gouverné : qui prouve à la France entière que le dernier, quand il est pur, n'a point à craindre, et que le premier, quand il veut être juste, n'a point à rougir.

Il s'agit, dans l'espèce de loi de circonstances qu'on nous impose, de bannir à-la-fois de notre sein, cinq membres de l'Institut, élus librement, et contre la nomination desquels l'opinion publique est bien loin d'avoir réclamé; contre cinq membres, tous chers à leurs collègues par leurs mœurs et leurs lumières, dont deux, Sicard et Fontanes, tiennent uniquement aux lettres et non au Gouvernement; deux autres, Carnot et Barthélemy, semblent tenir davantage au Gouvernement qu'aux lettres, et le dernier, Pastoret, tient à-la-fois aux lettres et au Gouvernement.

Sans doute, le Directoire est parti du principe que les places de ces membres étaient vacantes, il a cru qu'ils étaient morts civilement aux yeux de la loi, et il en a tiré la conséquence qu'ils l'étaient aussi aux yeux de l'opinion : cette question est très-délicate sans doute : mais c'est précisément à cause de cela qu'il appartient à un corps d'hommes éclairés de la discuter; et puisque nous avons la noble confiance de faire juges les hommes mêmes que nous nous permettons de combattre, nous avons quelque droit d'en attendre de la justice, si nous sommes dans les vrais principes, et dans le cas d'une erreur involontaire, de la générosité.

Le Directoire, par l'acte même de la déportation, semble affirmer, que les cinq mem-

A 3

bres de l'Institut, que le Pouvoir a proscrits, sont morts civilement : nous serait-il permis d'opposer le doute paisible de l'homme de lettres, à l'affirmation du Gouvernement?

La Constitution Française, ou plutôt la nature de tout Gouvernement libre, donne à chaque citoyen, individuellement, le droit de peser dans les balances de sa raison, tout acte émané du Pouvoir qui tend à l'enchaîner : ce droit est inaliénable, pourvu qu'on ne le dénonce pas avec témérité à l'opinion publique : pourvu qu'on ne calomnie pas l'homme puissant qui en met les résultats sur sa responsabilité : pourvu sur-tout que, voyant ses lumières en contradiction avec son respect pour l'autorité, on promette, si l'acte oppresseur est conservé, de céder à la force, ce qui, dans l'ordre politique, équivaut à obéir à la loi.

Eh bien! pour ne pas trop aggrandir les plaies que fait à la patrie chaque nouvelle insurrection, je me désiste de ce droit inhérent à l'homme sagement libre, de ce droit antérieur à toutes les institutions sociales : je ne me permettrai d'examiner ni la validité, ni l'invalidité des peines prononcées contre les cinq hommes de lettres. Je vais plus loin, je supposerai, contre le cri intérieur de ma conscience, qu'ils sont aussi coupables que l'acte qui les déporte le fait préjuger : mais du moins on ne peut se dissimuler qu'ils ont été condamnés sans avoir été entendus : et, sous ce point de vue, l'opinion publique établit une distance incommensurable entre la justice des gens de lettres et la justice des Gouvernemens.

Dans un état placé au pied d'un volcan, qui ne marche que par secousses, qui ne se fortifie qu'en dirigeant des éruptions, un Gouvernement, sans cesse entravé dans ses opérations, a peut-être besoin, dans quelques occasions infiniment rares, de s'élever au-dessus des institutions mêmes qui l'ont fondé : il peut, comme le dit Montesquieu, jeter un voile, pendant quelques heures, sur la statue de la loi : le bien général qui en résulte, couvre le mal individuel qu'il s'est permis pour l'opérer ; et s'il réussit, il se justifie, auprès des générations futures, par leur bonheur, et auprès de ses contemporains, du moins par sa victoire.

Il n'en est pas de même de la justice littéraire : pure comme la morale dont elle émane, indépendante des passions des hommes qu'elle

A 4

dédaigne, et des troubles des Gouvernemens qui ne l'atteignent pas, elle n'admet dans son cours, ni modification ni exception : son tribunal est composé de l'opinion publique qui forme son jury, et de sa conscience qui applique la loi : ici tout est de rigueur, parce qu'il n'y a point d'accomodement avec l'opinion publique, même égarée, encore moins avec la conscience qu'on ne trompe jamais, et on ne saurait appliquer sur ces deux grands mobiles de la justice primordiale, le voile de Montesquieu.

Au reste, le Directoire lui-même a rendu un hommage solemnel aux principes, quand, forcé à des actes terribles, contre lesquels répugnait sans doute son humanité, il a annoncé à Paris et dans tous les Départemens, qu'il ne s'agissait, dans le grand mouvement du 18 fructidor, que de mesures extraordinaires de Salut Public, commandées impérieusement par la nécessité d'empêcher des membres de l'opposition de nuire à la marche du Gouvernement : mais si le Directoire, qui est une puissance toute d'action, peut se permettre d'accélerer, par des mesures extraordinaires, le retour de l'ordre public, s'ensuit-il qu'un corps passif d'hommes uniquement voués au progrès des connaissances, qui n'a dans son sein que des représentans de la souveraineté littéraire, et point de Pouvoir Exécutif, doive adhérer à des mesures extraordinaires de Révolution? c'est ce qu'il est difficile de croire, et peut-être impossible à la logique ordinaire de prouver.

Observons que le principal motif allégué pour justifier ces mesures extraordinaires, est la nécessité de mettre des hommes qui influent sur l'opinion, hors d'état de les contrarier : mais nos cinq collègues, une fois bannis volontairement, ou déportés, par le Pouvoir qui les a vaincus, dans un monde nouveau, ne sont-ils pas, par le fait même, hors d'état de nuire? Pourquoi ajouter à leur supplice, celui des hommes paisibles qui s'honoraient de siéger à leurs côtés dans une Académie Républicaine, qui étaient les compagnons de leurs travaux, sans être les complices de leurs délits? car enfin, le Gouvernement nous condamne non-seulement à les juger, mais encore à les punir; et pour une Société dont la délicatesse est aussi ombrageuse que celle des gens-de-lettres, c'est une peine à-peu-près égale, d'être bourreau ou victime.

D'ailleurs, si, dans un Gouvernement qui se glorifie de n'exister que par la liberté

presque indéfinie donnée à la pensée, l'ordre
public pouvait souffrir des opinions politiques
de nos collègues fugitifs, ou exilés à une
extrémité du globe, il n'en souffrira pas moins
quand nous aurons la faiblesse de leur donner
des successeurs, que quand nous laisserons
leurs noms dormir dans nos registres, ou dans
nos Almanachs; si la vengeance, si pénible
pour la philantropie, entrait dans leurs ames,
s'ils aspiraient à la célébrité flétrissante de
Coriolan, croit-on que le jugement qui les
arracherait de nos listes, sans les arracher de
nos cœurs, empêcherait les bannis volontai-
res de faire parvenir leurs écrits insurrectio-
nels, de Berne ou de Hambourg, et les bannis
déportés, de Cayenne ou de Madagascar?

Je vais plus loin; et il me semble qu'il est impolitique d'infliger à nos cinq collègues, pour
un délit simple, la double peine de l'éxil dans
un monde nouveau, et de la radiation de nos
listes Académiques: car enfin, dans l'hypothèse même qu'ils auraient démérité du Gouvernement, il suffit qu'ils n'ayent pas démérité de la littérature, pour qu'il leur reste
une porte vers le repentir: en ne rompant
pas avec violence toute communication entre
eux et nous, il est possible que cette foule

d'hommes sages, dont se compose l'Institut ;
leur apprenne à céder à une raison supérieure, ou du moins à capituler avec la force:
je ne vois aucune absurdité à supposer que
l'homme fier qui s'élève contre le Pouvoir,
puisse fléchir devant les lumières, et que le
desir de se conserver l'estime des gens de
lettres, l'amène à des démarches de paix,
qu'il refuserait à un Gouvernement, qui ne
se présente devant lui qu'avec l'arme terrible
des supplices.

N'oublions pas qu'il y a ici deux hommes
très-distincts, dans chacun des infortunés
que l'on nous condamne à proscrire: l'homme
public, qui parle à l'opinion par ses idées
politiques, et l'homme privé qu'on a récom-
pensé de ses travaux, par son rang dans
la première Société des gens de lettres ; si
l'homme public devient perturbateur, c'est
à la loi, mais à la loi seule à le frapper ; si
c'est l'homme privé qui prévarique, c'est à la
Société dont il est membre à lui infliger la
seule peine qui soit en son pouvoir, celle de
le bannir de son sein.

De-là résulte une distinction essentielle
entre les délits contre l'ordre public qui
amènent une peine afflictive, et les délits

littéraires qui n'entraînent que des peines d'opinion.

Il est infiniment rare que le perturbateur de l'ordre public le soit en même-tems d'une Académie : cependant il ne doit y avoir que ce double délit qui nécessite la double puni-tion. Cette théorie est celle de Beccaria, de Blackstone, de Montesquieu, et de tous les sages, qui, en attachant le code criminel à la morale, lui ont donné le sceau de l'é-ternité.

Si le délit politique pouvait entraîner la peine littéraire, toutes les limites posées par l'entendement humain, entre les infractions des loix sociales, seroient confondues: il s'en-suivrait même un abus encore plus grand que celui qu'on voudrait éviter ; c'est-à-dire qu'on vouerait quelquefois à l'oprobre le corps qu'on voudrait épurer : car si par hazard c'était le Pouvoir qui prévariquât, les Sociétés littéraires les plus pures per-draient leurs droits à l'estime publique, c'est-à-dire toute leur existence morale, en deve-nant les complices du Gouvernement.

L'embarras devient encore plus grand, quand les opinions politiques qu'il s'agit de punir deux fois, ont été énoncées dans un

Gouvernement versatile, où, grace à la doc-
trine consacrée de l'insurection, le Brutus
du jour ne peut jamais se flatter de n'ètre
pas le Catilina du lendemain : il est bien évident par exemple, que si l'Institut avait été
fondé, dès l'origine de la Révolution Française, avec le systême épuratoire qu'on veut
introduire, il n'en existerait pas un seul
membre aujourd'hui. Les défenseurs de la
Monarchie Constitutionelle auraient rayé de
la liste des membres, les Républicains, pour
être rayés à leur tour par les hommes du 10
Août, qui, après avoir proscrit les héros de
la Gironde, auraient expié le 10 thermidor,
leurs attentats Révolutionaires : notre renou-
vellement alors s'opérerait en entier tous les
cinq ans, et nous pourrions adopter pour
notre chronologie l'Ere des Olympiades.

Encore une fois, je ne me permets ici l'apo-
logie, dans l'ordre politique, d'aucun des
Prévenus ; s'ils sont coupables, je les crois
punis par leur défaite, s'ils ne le sont pas,
l'histoire les vengera assez; je voudrais même
être assez de sang froid pour examiner le
problême, comme si la cause de ces infortunés m'était parfaitement étrangère, comme
si habitant l'antique Athènes, et conversant

paisiblement dans les jardins d'Académus, je
n'avais à m'entretenir que des suites de la
mort de Socrate ou de l'exil d'Anaxagore.

En général, l'invitation du Directoire à
la première des Académies Républicaines,
de punir comme gens de lettres, des hommes
peut-être mal connus, peut-être simplement
égarés, qu'ils s'est déjà cru en droit de punir
comme perturbateurs, entraîne aux yeux du
logicien, un dilemme bien naturel, auquel
il semble difficile de répondre.

Ou le Gouvernement a déjà sévi avec justice
contre nos collègues, et alors la radiation
qu'il nous prescrirait serait un surcroît de
rigueur bien inutile ; ou l'opinion publique
ne confirmerait pas le jugement antérieur,
et notre radiation serait criminelle : quelque
soit l'évènement, une invitation de ce genre,
tend contre les intentions bien avérées des
fondateurs de l'Institut, à faire de nous des
complices ou des automates.

On m'objectera sans doute, que dans tout
état qui a la double base des mœurs et des
loix, une peine afflictive entraîne la mort
civile, et par conséquent l'exclusion de toutes
les Sociétés, où, le mot d'honneur équivaut
à celui d'existence.

Mais cet argument qui a une grande force dans les délits ordinaires du code criminel, tombe tout à fait quand il ne s'agit que des crimes d'opinion : ces derniers; quelque graves qu'on les suppose, demandent toujours à être jugés par l'homme de lettres , après l'avoir été par les interprètes de la loi: eh! où en serions-nous par exemple si, au milieu de nos tourmentes Révolutionaires, un décret d'arrestation signé d'un Comité de Salut Public, avait entraîné nécessairement la radiation d'un Lavoisier ou d'un Malesherbes, de la liste de leurs Académies!

Dans quelque labyrinthe que cette question nous engage , nous avons toujours un fil d'Ariane, pour ne pas nous perdre dans ses détours. Ce fil est l'éternelle justice, qui, d'après notre raison ne devie jamais: or cette justice nous dit que quelques soient les délits de nos collègues , il faut dabord attendre pour les punir nous-mêmes , que la loi prononce, par l'organe des tribunaux , ensuite, qu'il faut les entendre dans leur défense orale ou écrite: notre devoir est ici tracé en deux mots: ATTENDRE ET ENTENDRE.

J'ajouterai une considération, de droit naturel , qui n'échappera pas à la sagacité du

Directoire: parmi les soixante-cinq Prévenus
condamnés à la déportation, il y en a soixante
qui ne subissent que cette peine Révolutionnaire, ou celle de l'exil volontaire, avec la
perspective de l'indigence ; eh! pourquoi y
aurait-il un double supplice pour les cinq
autres ? le titre d'homme de lettres est-il
donc un crime originel qui faille expier ?
ou les soixante-cinq sont également coupables, et alors la même peine, et sur-tout une
peine unique doit les atteindre : ou il en est
cinq, qui ont troublé deux fois l'ordre social, et alors il est de la sagesse du Gouvernement, d'indiquer leur second crime, pour
leur infliger un nouveau supplice.

J'insiste sur cette seconde peine, parce
que, si elle semble indifférente pour le vulgaire, elle est intolérable pour la juste fierté
des gens-de-lettres : placés par la voix publique, et encore plus par la conscience de
leurs forces, dans la première de toutes les
Sociétés, qui ne tient pas à la politique, ils
se sont accoutumés à regarder cette association avec les beaux génies de l'Europe, comme
le plus pur de leurs trésors, comme celui qui
était destiné à les enrichir dans tous les âges :
eh! quoi, le Directoire qui aime les arts, qui
s'associe

s'associe lui-même à nos travaux, voudrait-il poursuivre des infortunés jusqu'au delà de la tombe? voudrait-il, après les avoir dépouillé pendant leur vie, confisquer jusqu'à leur mémoire?

D'après cette discussion, il est difficile de ne pas se convaincre que nos cinq collègues, une fois reconnus par les tribunaux comme perturbateurs, peuvent être morts civilement pour la Patrie qui les a vu naître, mais non pour les Lettres qui sont cosmopolites : que leur place est vacante parmi les siéges du Pouvoir Directorial ou du Corps Législatif, mais non dans un Institut, ou dans des Académies.

Et si, après avoir fait pressentir, combien il serait impolitique aujourd'hui, dans le flux et reflux des vagues Révolutionaires qui nous surmontent, de prescrire des loix à l'opinion publique jusques dans son sanctuaire, j'osais sortir de l'enceinte des tems présens, pour porter mes regards dans l'avenir, combien mes infortunés collègues auraient de nouveaux droits à l'explosion de mon courage! Combien je ferais entrer de poids nouveaux dans la balance, où je me permets de peser leurs destinées, et peut-être celles de l'Institut lui-même!   B

Nous sommes depuis huit ans , vous le savez, sur des sables mouvans, où la Liberté, toute digne qu'elle est de notre idolâtrie, a bien de la peine à prendre racine : le char Révolutionaire, qui traverse ces sables, peut, malgré votre sagesse et vos lumières , rouler en sens contraire : quelle sera à cette dernière époque la marche que suivra l'Institut, si d'après le jeu incalculable des événemens , nos collègues redevenus citoyens de fait, sans avoir jamais, du moins légalement, cessé de l'être de droit, ramenés en triomphe dans leurs foyers, replacés peut-être au timon de la chose publique, viennent redemander à siéger parmi nous? quel mode adopterons nous, pour remplir à-la-fois ce que nous devons au Gouvernement qui nous a institués , et ce que nous nous devons à nous-mêmes ?

Dans l'intervalle, l'Institut, ne se croyant plus libre , aura fait de nouveaux choix , et, j'en jure par sa gloire, ces choix auront eu le suffrage de l'Europe ; les successeurs des cinq Déportés iront-ils leur céder des places qu'ils occupent légitimement, où l'opinion publique les aura appellés , et qu'ils honoreront par leur génie? Non sans doute: le corps littéraire, comme le corps politique, ne ferme pas ses anciennes cicatrices, en se faisant de nouvelles blessures.

D'un autre côté, nos anciens collègues attendront-ils que la mort moissonne les vieillards, dans les Sections dont ils étaient membres, pour y rentrer? l'Institut compromettra-t-il sa gloire jusqu'à descendre à les réélire? eux - mêmes oubliront - ils assez leur fierté, cette fierté qu'ils tiennent à-la-fois, et des Lettres et de l'infortuné, jusqu'à seprésenter comme candidats, dans une arène où long-tems ils ont été juges? Toutes ces positions sont infiniment délicates, et il serait beau au Directoire, en retirant sa lettre Ministérielle, de ne pas nous y placer.

Après avoir arrêté vos regards sur les troubles que ferait naître dans l'avenir, l'idée d'épurer l'Institut dans les crises d'une Révolution, rétrogradons un moment dans le passé, et voyons quel était, à cet égard, l'esprit des anciennes Sociétés littéraires dont nous partageons les dépouilles.

Obligé, pour ne point abuser de vos momens, à me circonscrire dans le choix des faits, je me borne à consulter celle des Sociétés de ce genre, dont l'esprit de vandalisme se plait le plus, depuis quelque tems, à ex-

humer la cendre, celle qu'on a qualifié d'es-
clave, parce qu'elle a été fondée par un despote, l'Académie Française.

L'histoire de ce corps célèbre nous présente
trois cas, où il semblait être dans le droit
de dépouiller un des quarante encore vivant,
pour transmettre à un autre son fauteuil
d'immortalité.

Ces cas sont l'immoralité, la non-résidence
et les délits quelconques contre le Gouvernement.

Vers l'origine de l'Académie Française,
Furetiere fut banni de son sein pour cause
d'immoralité : il avoit volé avec audace, le
Dictionaire de sa compagnie pour enrichir le
sien : cette bassesse était incompatible avec
une association aussi pure que celle des gens
de lettres : et Furetiere était jugé avant son
jugemeut.

La radiation pour le motif de la non-résidence était un vice de l'institution même de
l'Académie : car, du moment qu'un homme de
lettres supérieur (et ils devraient l'être tous)
a reçu des interprêtes du Souverain, l'espèce
de brevet d'immortalité, qui sanctionne son
génie, aux yeux de ses contemporains, il est
absurde de le lui ravir, par la seule raison

qu'il n'habite pas une capitale: il me semble que Corneille était tout aussi bien le père de Cinna, à Rouen qu'à Paris, et que si on avait cru la place de Voltaire vacante, parce qu'il écrivait à Ferney ou à Postdam, Tancrede et le siècle de Louis XIV, une pareille condescendance à la loi n'aurait couvert d'opprobre que l'Académie.

Cette considération pouvait échapper au despote Richelieu, mais elle n'échappa pas aux bons esprits de l'Académie Française: on ne voit pas qu'ils ayent jamais fait usage de l'arme terrible, que la loi leur donnait contre leurs collègues non-résidens: il y a même en ce genre une anecdote singulière dans les fastes de cette Société célèbre; le Président Bouhier, le traducteur de Cicéron et du *pervigilium Veneris* fut nommé pour remplacer le géometre Malésieu, et pendant dix-neuf ans qu'il vécut, depuis cette époque, il ne se montra pas une seule fois parmi ses confrères: il ne prononça pas même un discours de réception: cependant son nom resta toujours sur les listes de l'Académie, et à sa mort on lui paya le tribut ordinaire de la double oraison funèbre, par le Directeur et par le Récipiendaire.

B 3

La radiation pour des délits de leze-Gou-
vernement , pouvait tombe1 sur le Cardinal
de Polignac. qui, complice d'une petite con-
juration politique, fut éxilé, sous la Régence,
dans les déserts de son abbaye d'Anchin : mais
il n'entra jamais dans l'idée de la Cour , de
joindre à cette peine, celle de demander son
divorce avec les Sociétés Littéraires qui l'a-
vaient adopté : il resta jusqu'à sa mort , en
1741 , membre de nos trois Académies.

Le Régent se montra plus absolu dans l'affaire de l'abbé de Saint-Pierre : ce rèveur vertueux, si déplacé dans une Monarchie, avait
écrit contre la multitude des Conseils établis
à la mort de Louis XIV, et qui entravaient
à chaque instant la marche du Gouvernement : ce livre, connu sous le nom de Poly-
sinodie , avait eu du succès dans le parti de
l'opposition : le Vice-roi de France doublement blessé, soit à cause de l'influence de
l'auteur comme homme de lettres, soit parce
qu'il était frère d'un Maréchal de France,
éxigea qu'il fut rayé de l'Académie française : l'Académie plia, mais du moins, en
blessant ainsi l'opinion publique dont le
sceptre lui avait été confié, elle conserva le
demi-courage de ne point lui donner de suc-

cesseur. Ce ne fut que vingt ans après, et quand l'Académie eut assisté en corps, à son service funèbre, qu'il fut remplacé par Maupertuis.

Telle est la réunion de preuves théoriques et de faits, qui pourrait vous engager, citoyen Directeur, à retirer votre invitation, ou votre injonction (car ces deux mots presque contradictoires, présentent ici la même idée) de bannir de notre sein, des hommes purs, du moins, aux yeux des Lettres, s'ils ne semblent pas tels aux yeux du Gouvernement: du moins, j'attens de votre amour raisonné pour la liberté, que vous ne vous offenserez pas, si l'Institut, éclairé par la discussion, a le courage de n'être pas de votre avis: car ici tous les yeux sont fixés sur nous: et je me persuade que le parti que nous adopterons influera plus sur l'opinion, que nos prix, nos séances publiques et l'impression de nos mémoires.

Ce 12 Vendémiaire an VI.

DE SALES.

B 4

RÉSULTATS.

LE cinq ventose dernier, la Classe des Sciences Physiques et Mathématiques, a présenté dans la séance générale de l'Institut , trois candidats pour la place vacante par la mort du citoyen le Roy : le premier de la liste était notre collègue Carnot : surpris de ce qu'on coupait le nœud gordien , au lieu de le délier, j'ai demandé à ouvrir la discussion : on a trouvé sans doute quelque danger à s'y livrer, et je n'ai pas été entendu : mais il n'y avait de danger qu'à écrire mon mémoire, à l'époque où l'on *sauvait la Patrie* avec des décrets de Déportation et des bayonettes : aujourd'hui que le Gouvernement veut le bien , et qu'il le veut avec énergie , je n'en vois point à avoir de la logique dans la tête, et de la justice dans le cœur : l'Institut pourra en juger par les résultats de mon mémoire.

C'est un axiôme éternel dans l'ordre social, que tout homme est réputé innocent , quand il n'a pas été frappé par la loi : or, aucune de ces formes tutélaires dont la justice s'enveloppe, pour n'être pas un instrument servile dans les mains du despotisme, n'ayant été invoquée dans la cause sur laquelle j'appelle tous les regards, il s'ensuit que les citoyens Carnot, Barthélemy, Sicard, Fontanes et Pastoret, parfaitement innocents aux yeux de la loi, ne sauraient être regardés comme coupables, que par le Gouvernement qui les a Déportés et qui n'est plus.

Un second principe, c'est que la justice littéraire ne s'exerce que sur des noms flétris : or, nos cinq collègues sont sortis de l'épreuve terrible qu'on leur a fait subir, sans que leur honneur ait pu même être effleuré : car la justice Révolutionaire condamne, Déporte, met à mort, mais ne flétrit pas.

Puisque nos collègues, à l'époque du 18 fructidor, sont restés innocens aux yeux de la loi, et purs en présence de l'opinion, il est évident qu'ils sont encore membres de l'Institut, et j'ose le dire, qu'ils n'ont jamais cessé de l'être.

Il faut que cette innocence devant la loi, et cette pureté devant l'opinion, soyent bien reconnues, puisqu'il n'est aucun de nous, qui, les scachant rentrés dans leurs foyers, n'aye

senti son cœur palpiter de joye, n'aye desiré
de les presser sur son sein, ne les ait accueillis,
non comme des coupables, que la loi satis-
faite a dérobé à leur supplice, mais comme
des infortunés errans sur la mer des tempêtes,
que la justice du Ciel a fait survivre à leur
naufrage.

Et, puisque la conscience d'un Corps ne
saurait se composer que des consciences individuelles, pourquoi, quand chaque membre
de l'Institut isolé, n'a pas le plus léger doute
sur la justice de la cause des cinq Déportés,
l'Institut réuni la met-il en problême?

Le Gouvernement tutélaire, sous lequel
nous respirons, nous a donné, à cet égard,
un grand exemple; quand il a rappelé les Déportés, il a supposé qu'ils n'avaient été bannis que par une loi d'Ostracisme: et le jour où
ils ont revu cette Patrie, que tout frappés
qu'ils étaient en son nom, ils n'avaient jamais
cessé de porter dans leurs cœurs, il les a trai-
tés en citoyens: il a plus fait encore, il a dé-
signé l'un d'eux pour faire, dans une pompe
Nationale, l'oraison funèbre d'un des héros de
nos Républiques modernes: il a placé une des
plus illustres victimes du 18 fructidor, dans la
première de nos Magistratures: il me semble

que si jamais une prudence hors de saison,
continuait à faire plier notre courage devant
des bienséances Révolutionaires, cet exemple
d'un Gouvernement qui se montre juste, pour
avoir droit d'être fort, devrait nous rassurer
sur la crainte de démériter de lui, en remplissant avec quelque énergie notre devoir.

Je demande à l'Institut, qui ayant refusé de
m'entendre, ne peut du moins refuser de me
lire la permission de me résumer.

Les cinq places déclarées vacantes par suite
des événemens Révolutionaires du 18 fructidor, ne l'ont jamais été réellement. puisque
ces places étaient à vie, et que ceux qui les
remplissaient ne sont morts, ni par l'effet de
la nature, ni par l'effet de la loi.

L'Institut forcé de plier comme le Roseau,
ne voulant pas être brisé comme le Cèdre, a
nommé dans le tems, à des places qui n'é-
taient pas vacantes, des sujets que lui dési-
gnait la voix publique : ces sujets, élus d'après
les formes prescrites par la loi, ont un droit
sacré à leurs places: d'ailleurs, ils étaient nos
collègues nés, puisqu'ils avaient des talens et
une renommée.

Mais les citoyens Carnot, Barthélemy, Pastoret, Sicard et Fontanes, ont été, sont encore,

et ne cesseront jamais, tant qu'il leur restera
un souffle de vie, à consacrer à la Patrie et
aux Lettres, d'être membres de l'Institut.

L'Institut, en adoptant la demi-mesure de
les renommer à mesure qu'il vaquerait quelque place dans leurs Sections, se manquerait à
lui-même : car, alors, il les supposerait légitimement bannis de son sein, légitimement
flétris : hypothèse qui nécessiterait une réha-
bilitation solemnelle, pour avoir droit de les
renommer.

L'Institut manquerait au Gouvernement,
qui a décidé la question, en les faisant jouir
tous de leurs droits de citoyens, et en appel-
lant l'un d'eux à une grande magistrature.

L'Institut manquerait sur-tout à chacun
des Déportés, qui, blessé de ce qu'on ne le fait
pas jouir du bénéfice de son innocence, dans
toute son intégrité, aura peut-être assez de
courage pour refuser de rentrer parmi nous,
par une porte qui le deshonore.

En un mot, je demande que nos collègues
soient invités tous à revenir siéger parmi nous,
que leurs noms soient rétablis sur nos listes,
tant manuscrites qu'imprimées, et que pour
ne pas contrevenir à la loi infiniment sage,
qui borne notre nombre à cent quarante-

quatre membres, on s'abstienne de nommer
à la première place vacante, dans chacune
de leur Section.

Quant aux formes réglémentaires qui nous
enchaînent pour nos élections, il nous est
très-facile de ne pas les enfreindre : je renvoye,
à cet effet, à l'article X, de la loi du 15 germinal, an IV, qui renferme à-la-fois nos
droits et nos devoirs.

« Quant une place sera vacante dans une
« Classe, un mois après la notification de
« cette vacance, la Classe délibérera par la
« voye du scrutin, s'il y a lieu où non, de
« procéder à la remplir.

Je demande donc qu'en vertu de cette loi,
on procède par la voie du scrutin, à l'examen de la question, si la place du citoyen
Leroy, occupée naturellement par le citoyen
Carnot, est vacante.

De ce scrutin seul dérive la solution du
problême sur nos cinq collègues : si, comme
le sentiment commun de notre gloire me le
fait pressentir, la Classe des sciences physiques et mathématiques, retire sa présentation
de trois candidats, à la Section de méchanique, les citoyens Carnot, Barthélemy, Pastoret, Sicard et Fontanes, rentrent de droit

parmi nous, et l'Institut n'expose pas sa sagesse au danger de nouvelles élections.

En dernier résumé, lorsqu'on nous enjoignit impérieusement, il y a trente mois, de donner des successeurs à nos collègues vivans, il fallait avoir le courage de déclarer que leurs places n'étaient pas vacantes : aujourd'hui que notre pensée est rendue à son indépendance, il est juste de prononcer la non-vacance des cinq premières places dans les Sections, où siégeaient et où doivent siéger encore nos collègues, Sicart, Fontanes, Pastoret, Carnot et Barthélemy.

Ce 25 Ventose, an VIII de la République.

D E S A L E S.

A L'INSTITUT NATIONAL

DE FRANCE,

SUR LA DESTITUTION

DES CITOYENS

...... BARTHÉLEMY, PASTORET, SICARD et FONTANES.

SECOND MÉMOIRE.

Par leur Collègue J. DE SALES.

A PARIS,

Le 25 Germinal, an VIII de la République Française.

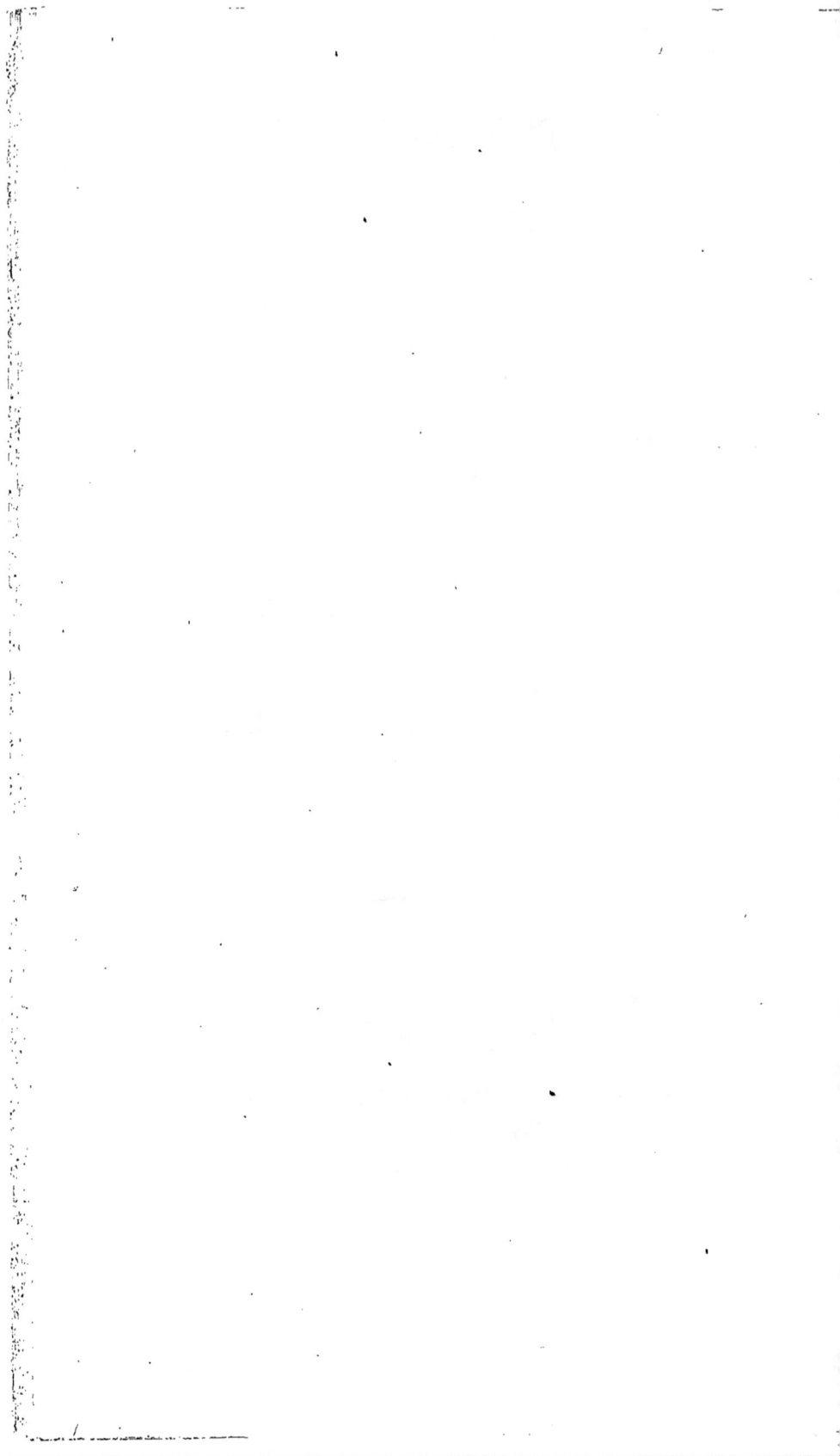

INTRODUCTION.

J'ESPERE qu'on ne me fera pas un crime de ramener, une troisième fois, sur la scèue, nos respectables Collègues, principalement, Pastoret, Sicard, Fontanes et Barthélemy : ce n'est pas ma faute, si la cause de la Déportation ne subsistant plus, son effet, c'est-à-dire, la peine reconnue injuste des Déportés, subsiste encore.

Ce n'est pas ma faute, si un Gouvernement qui n'est plus et que j'ai tenté de rappeller à sa dignité, rejettant loin de lui mon Mémoire, j'ai été entraîné, pour réparer ses torts, à traduire à-la-fois les oppresseurs et les victimes, au tribunal de l'histoire.

Ce n'est pas ma faute enfin, si évoquant une cause aussi belle, à la justice intérieure du Corps le plus éclairé de l'Europe, trompé

deux fois dans mon attente, le refus persévé-
rant de m'entendre a secoué mon ame, et
allumé dans mes sens, contre un système raisonné de faiblesse, cette indignation sainte
de la vertu, dont je ne me croyais susceptible
que contre le vice triomphant et l'audacieuse
perversité.

Personne n'a gémi plus que moi de la nécessité cruelle où j'ai été réduit, de me trouver
en attitude de combat, en présence d'un
Corps, dont l'estime est la première de mes
jouissances : d'un Corps par lequel je puis
être vaincu sans honte, mais dont je ne puis
aspirer à triompher, sans qu'un sentiment
secret d'amertume vienne empoisonner ma
victoire.

Mais le rolle pénible que je joue m'est commandé par les évenemens : entré dans l'arêne
au 18 fructidor, lorsque tout me préscrivait
de veiller au soin de ma vie, je ne la quitterai
pas, quand, avoué par les Déportés, il s'agira
de veiller au dépôt de leur gloire. Du moins

ce ne serait pas à ceux de mes Collègues, qui m'ont cru capable, il y a trente mois, d'un acte de courage, à attendre de moi aujourd'hui un acte de lâcheté.

Une autre considération de la plus haute importance me ramène au combat : au milieu des orages de la dernière séance générale, il m'est échappé de protester contre un acte de l'Institut, qui avait l'assentiment de sa majorité : ce mot de protestation est sorti de ma logique, sans avoir l'aveu de mon cœur : mais, tout terrible qu'il est, je ne le crois pas de nature a être effacé : je dois donc le justifier aux yeux des hommes de paix qu'il offense : il faut qu'on reconnaisse une sorte de dignité dans mon audace ; il faut qu'en me condamnant, on se pénètre assez de tout l'empire que la verité peut avoir sur moi, puisqu'afin d'avoir le droit de parler son langage, je provoque jusqu'à la haine des hommes éclairés et purs, qui m'avaient paru jusqu'ici si dignes de l'entendre.

Je n'ai qu'une grace à demander à mes sages

Collègues, c'est qu'ils ne prononcent sur ce nouveau Mémoire qu'après en avoir achevé la lecture : s'ils n'arrêtent leurs regards que sur quelques morceaux épars, sur quelques textes isolés, qui peuvent prêter à la censure, ils n'auront que la justice des Gouvernemens qui Déportent, ils me jugeront sans m'entendre.

EXPOSÉ

DES FAITS RELATIFS

A LA CAUSE DES DÉPORTÉS,

Dans la séance générale du 5 Germinal.

JE demande pardon à l'Institut, de lui remettre sous les yeux des faits qu'il connaît aussi bien que moi : mais ici il y a quelque chose de neuf, c'est leur enchaînement : cet enchaînement est tel, que si le premier anneau avait pu faire pressentir le dernier, je doute qu'on eut procèdé à la nomination contre laquelle je réclame ; l'homme intègre ne juge mal, que lorsqu'arrêté par un principe, il n'embrasse pas d'un coup d'œil toute la filière des conséquences qu'il amène, et qui souvent le dénaturent : découvrés cette filière à ses yeux ; elle sera pour lui le bouclier de diamans des Chevaliers Danois, et le prestige d'Armide sera anéanti.

C 3

Je me présente, avant l'ouverture de la
séance, au Président de la Classe des Sciences
morales et politiques, qui ne devait être en
fonctions, que pour la lecture du procès-
verbal, et après avoir déposé au bureau, un
exemplaire de mon Mémoire sur la destitution
des Déportés, je me fais inscrire sur la feuille,
pour avoir la parole, aussitôt après la lecture
dela correspondance.

Le Président de la Classe de Littérature et
beaux-arts, vient bientôt après remplacer
celui de la Classe des Sciences morales, et oc-
cupe le fauteuil, jusqu'à la fin de la séance.

Les affaires générales terminées, le nouveau
Président prend mon Mémoire, et se contente
d'annoncer, que je fais hommage d'une bro-
chure adressée à l'Institut National: il oublie
que le titre doit être lu en entier: ce titre
portait: *sur la Destitution des citoyens Carnot,
Barthélemy, Sicard, Fontanes et Pastoret.*

Il ajoute « je trouve *un morceau de papier,*
« sur lequel il est écrit, que le cit. de Sales
« demande la parole, aussitôt après la clo-
« ture de la correspondance.

Jusqu'ici il y avait eu une espèce de formule consacrée à cette déclaration, et la voici:
« le cit. de Sales se trouve inscrit le premier
« sur la feuille, et il a la parole.

Je me lève, et m'apprête à faire usage d'un
droit sacré, qui jusqu'ici n'a été contesté à
aucun membre d'assemblées délibérantes,
jouissant d'un entendement sain, et connu
pour n'avoir rien de l'ame retrécie des perturbateurs. On refuse de m'entendre.

Le Président continue : « il y a plusieurs
« nominations à faire : je consulte l'Institut,
« pour sçavoir si la parole sera accordée au
« cit. de Sales·

C'était pour la première fois, depuis la fon-
dation de l'Institut, qu'on consultait l'assemblée, pour sçavoir si un membre inscrit le
premier pour parler devait avoir la parole : il
me semble que la stricte équité exigeait qu'on
m'entendît avant de me juger, qu'on me con-
servât la parole, jusqu'à ce qu'elle m'eut servi
à démériter de mon auditoire : sinon, le Président, qui consultait l'Institut, sur ce qui
ne fut jamais un problême, faisait soupçon-
ner que je ne demandais à parler que pour
troubler l'ordre établi : il flétrissait ma pensée
dans son germe, et, contre sa volonté sans
doute, il calomniait le silence, auquel il me
faisait condamner.

Je n'ai jamais aimé que les *demandes de
paroles*, les *questions préalables*, les *ordres du*

jour et toutes ces formes des assemblées lé-
gislatives eussent été transportées à l'Institut;
les Corps littéraires ont trop peu d'élémens
homogènes avec les Corps politiques: nos anciennes Académies nées vers le commencement du plus beau siècle de goût, dont l'esprit humain s'honore, et qui ont tant con-
tribué à le créer, marchaient sans ces entra-
ves et marchaient bien ; cependant j'ai été
curieux de compulser, quoiqu'un peu rapi-
dement, les annales de la plus tumultueuse
de nos Assemblées Nationales, de la Conven-
tion, et je n'ai point rencontré d'exemple,
qu'un Président se fut permis de consulter
l'assemblée, pour sçavoir, si un Représentant
du peuple, inscrit le premier sur la feuille,
devait être écouté; on laissait parler jusqu'à
Marat, ce Dieu du mal, dont une Nation
bonne et généreuse osa un moment faire l'a-
pothéose; et, quoique tous ses principes fussent
des blasphêmes politiques, toutes ses mesures de concorde des tables de proscription,
tous ses plans de démocratie, de sanglantes
absurdités, on lui laissait, à son tour, l'usage
de la parole: on croyait que rendre problématique, même dans un Marat, la liberté
des opinions, était un mal plus grand, que

de condamner sept cents législateurs au supplice de l'entendre.

Cependant, quand ma première surprise sur une question aussi insolite que celle du Président de l'Institut, a fait place à la réflexion, j'insiste pour être écouté; je promets d'être concis: mais quelques-uns de mes Collèguessiégeant non loin du bureau, disent que les nouvelles nominations sont urgentes, et la parole m'est de nouveau refusée.

Attaqué avec des formes, dans une cause grande et noble, qui devait les repousser, je me vois contraint de les employer à mon tour pour me défendre « Président, vous m'avez
» refusé la parole, ignorant, et devant, par
» votre place, ignorer ce que j'avais à dire à
» l'Institut : puisqu'on s'appuie de l'urgence
» des élections à faire, pour me condamner
» au silence, je demande à parler contre les
» élections: je veux appeler les regards sur
» l'illégitimité de celle de Carnot, et il n'est
» pas dans votre pouvoir de me refuser une
» troisième fois la parole.

Le Président répond « l'assemblée s'est pro-
» noncée: mais je vais la consulter dans les
» formes ordinaires: je serai attentif à comp-
» ter les suffrages,

La forme la plus simple, et, j'ose dire, la plus loyale, à adopter, dans une circonstance, où il s'agissait d'affranchir des hommes irrésolus des chaînes de l'exemple, de connaître la pensée originelle de chaque membre de l'Institut, était d'employer le scrutin secret : et on l'avait fait servir dans une foule d'occasions, où la dignité littéraire était bien moins compromise ; en général, le scrutin secret est le seul, qui, lorsque des factions tendent à se rendre prédominantes, fasse naître l'harmonie du sein même des discordes : c'est le seul qui mette à nud la conscience des opinions, et il sera à jamais le palladium des Républiques.

Au lieu du scrutin secret, il fut trouvé plus expéditif d'admettre dans la cause des Déportés, le mode insignifiant d'opiner, en levant la main: mode, qui n'abrège l'opération, que pour énerver la loi, et en tuer l'esprit : mode, qui, pour peu que les opinions se divisent également, empêche qu'on ne compte avec exactitude le nombre des suffrages: je devais être vaincu avec des armes aussi inégales, mais, comme Varron, après la défaite de Cannes, je ne désespérai pas du salut de la République.

Une autre circonstance redoubla l'espoir
de deux ou trois adversaires qui voulaient
me terrasser, sans courir le hazard de me
combattre : on se hata de demander la priorité en faveur de l'opinion, qui voulait qu'on
commençât les élections, avant d'écouter
celui qui les déclarait illégales : on sçait combien ce système arbitraire de priorités est capable de corrompre la pensée de l'opinant
dans sa source : car l'homme passif, qui re-
doute jusqu'à la gène de se créer une opinion, l'ambitieux qui met sa conscience aux
gages du Pouvoir, les êtres faibles sur-tout,
qui craignent de froisser leur vertu contre la
tyrannie des circonstances, à la vue d'une
sorte de prépondérance dans les suffrages, se
réunissent à ce qu'ils supposent la majorité,
ou bien n'ont que le demi courage de ne pas
délibérer. Cette tactique des priorités con-
quises par la force, ou amenées adroitement
par l'esprit de sophisme, a servi, depuis dix
ans, dans nos grandes assemblées délibérantes, a dépraver la volonté Nationale : le
mobile de la peur entrant toujours dans les
élémens de l'art de gouverner, on subjuguait
par elle les hommes sans caractère, on leur
présentait une majorité imposante dans un

petit nombre de pertubateurs, toujours ardents à se montrer, à maîtriser l'opinion, à n'arrêter leurs regards sur les opposans, que pour y faire le dénombrement de leurs victimes; et la multitude, née automate, ou forcée à le paraître pour se conserver, en cèdant à ce qu'elle appellait la volonté du peuple, ne cédait réellement qu'à une majorité factice, amenée avec art par un systême perfide de priorités.

Cependant, quand deux opinions contradictoires agitent une grande assemblée, il faut bien en livrer d'abord une à la délibération, pour introduire de l'ordre dans l'émission des suffrages : mais à cet égard, la droite raison n'indique pas deux mesures : il faut nécessairement accorder la priorité à l'opinion qui a devancé l'autre dans l'ordre des tems : intervertir un mode si simple, c'est prouver qu'on se défie de sa cause, c'est conjurer contre la liberté des suffrages.

J'étais évidemment le premier en date, puisqu'avant même l'ouverture de la séance, je m'étais fait inscrire sur la feuille pour avoir la parole: le Président ne pouvait donc pas consulter l'Institut sur cette priorité: elle m'étoit due, d'après les principes élémentaires

de l'art de présider les assemblées délibérantes ; mais cette journée semblait destinée à
couvrir de nuages les notions les plus claires.
j'étais réduit, par une fatalité sans exemple,
a errer dans le cahos, sans pouvoir démêler
mes amis, de mes ennemis, et à répeter le
fameux blasphème d'Ajax.

Grand Dieu! rens-nous le jour et combats
contre nous.

Cependant, on va aux voix : à demi vaincu,
soit ar l'exclusion du scrutin secret, soit par
l'admission du mode conspirateur de la priorité, je me lève, et tâche de saisir, dans un
mouvement aussi rapide que celui de l'exten-
sion de la main, quel est le vrai vœu de la
majorité des opinans ; il m'a paru (et c'est
d'après ma persuasion intime que je prononce
ce résultat, il m'a paru, dis-je, que sur cent
dix votans, il y en a eu de vingt-sept à trente
qui ont levé la main contre les Déportés, dix
ou douze dans la contre épreuve, ont opiné
pour me faire donner la parole : tous les
autres, c'est-à-dire, près de soixante et treize,
composant l'immense majorité, ont cru de leur
sagesse de ne pas délibérer.

Alors le Président prononce que la parole
m'est refusée, c'était pour la troisième fois)
et qu'on va passer à l'ordre du jour.

Ma douleur avait été jusqu'à ce moment, concentrée toute entière au fond de mon cœur: je m'impose la loi de la combattre encore, lorsqu'elle était sur le point de s'exhaler; et d'un ton calme j'interpelle le Président, pour qu'il m'accorde la parole contre l'ordre du jour.

La parole m'est refusée pour la quatrième fois.

Ici ma juste fierté se réveille: l'idée de paraître trahir la belle cause des Déportés, en cèdant, non à la puissance de la conviction, mais à celle de la force, me donne une exaltation, que le sang froid de la philosophie aurait peine à justifier: alors, violant les bienséances pour conserver la justice, je me permets de prendre la parole.

» Mes collègues, mes amis, daignés m'entendre.... Un ordre du jour, dans une » matière pareille, ferait dire aux malveil- » lans que l'Institut une fois a manqué d'or- » dre.... D'ailleurs la justice éternelle que je » réclame, votre dignité que je veux con- » server, ne sont elles pas sans cesse à l'ordre » du jour?.... Eh! laissés-là ces formes d'es- » claves, cet ordre du jour, qui étouffe toute » lumière, qui anéantit tout courage....

Je n'en pus dire d'avantage : le tumulte croissait à chaque période: je ne me sentis pas la force d'imiter le démagogue Mirabeau, et d'obtenir, de la force de mes poumons, un silence que je désirais de ne tenir que de la force de ma logique, ou de l'abandon de ma sensibilité ; et pour éviter une scène indigne de tous, je me retirai du champ de bataille.

Cependant je devais aux illustres proscrits, dont les intérêts m'étaient si chers, de laisser un monument, qui, en attestant, si non mon triomphe, du moins ma résistance, servît, si les tems devenaient plus heureux, de pierre d'attente, pour la révision ; le premier mode qui se présenta à mon imagination, était d'une énergie peut-être révoltante, mais il semblait commandé par l'urgence du moment, je gémis et je l'adoptai.

Je me lève pour la dernière fois, et rassemblant toutes mes forces, pour que ma voix couvre les murmures qui pourraient s'élever; » Citoyens, m'écriai-je, ce n'est pas moi seul, « c'est vous-même que vous blessés, par cette » dénégation de toute justice: voyez l'opi- » nion publique derrière moi: eh bien! puis- » que vous m'y forcés, je proteste solemnel-

» lement contre l'élection de Carnot que vous
» allés faire, et je demande que ma protes-
» tation soit inscrite avec mon nom au procès-
» verbal : il faut que dans la suite, on puisse
» dire que dans des momens critiques, il s'est
» trouvé un de vos membres, qui a voulu,
» malgré vous, vous rendre à votre dignité.

Cependant l'élection se fait dans les formes
prescrites : j'insère une nouvelle réclamation
dans mon bulletin secret, réclamation signée
de moi, et que le Président est condamné à
lire ; le scrutin se dépouille, et Carnot qui
aurait été bien plus grand à mes yeux, s'il
n'avait pas aspiré à une pareille gloire,
Carnot, dis-je, est renommé.

Deux autres élections se terminent, sans
qu'aucun membre réclame contre leur illé-
galité, et l'Institut, suivant son usage, fait
des choix que la voix publique confirme de
son suffrage.

Il en restait une quatrième à faire. Il s'agissait du respectable Lanjuinais, tiré de sa vertueuse obscurité, dans son cabinet de Rennes,
comme Cincinnatus de sa charrue, pour
siéger à Paris, dans la première de nos Magistratures : la Classe des Sciences morales et
politiques l'avait présenté pour remplir une
place

place d'associé dans les départemens : mais la
fixation prochaine de son domicile à Paris,
semblait rendre inutile notre acte de justice:
aussitôt le citoyen Camus se leve et demande
à parler contre cette élection : le Président,
sans balancer, lui accorde la parole.

Il ne faut pas perdre de vue, que, vers
l'ouverture de la séance, quand la majorité
apparente de l'Institut, passa quatre fois à
l'ordre du jour sur ma demande d'éclairer sa
justice, on se fonda toujours sur la nécessité
de n'entendre aucune réclamation sur les
élections, avant qu'elles fussent achevées :
l'arrêté ne fit exception de personne, il devenait dès lors une loi : et le Président,
comme interprête et conservateur de la volonté générale de ses collègues, devait, sur
la motion du préopinant, passer à l'ordre du
jour.

Cependant la discussion s'engage: Garan-
Coulon ouvre l'avis que Lanjuinais, Sena-
teur à Paris, peut-être associé à Rennes:
Creusé la Touche le réfute, Camus redonne
une nouvelle force à sa réclamation, et enfin,
il intervient un arrêté de l'Institut, qui renvoye le jugement définitif à la séance générale de floréal.

D

L'affaire terminée, je demande la parole: le
Président, tranquille désormais sur la nomination de Carnot, me l'accorde.

» Mes collègues, dis-je, vous m'avez,
» d'après un arrêté, refusé la parole contre
» l'élection de Carnot: en ce moment, vous
» l'accordés à Camus, contre celle de Lan-
» juinais: lorsque je voulais vous parler la
» langue des principes, vous refusiés de m'en-
» tendre, lorsqu'un autre vous parle la langue
» des formes, vous l'écoutés, vous dissertés et
» vous jugés: eh quoi! auriez-vous donc deux
» poids et deux mesures?... vos ordres du
» jour ont singulièrement contristé mon ame:
» cependant, je n'ai ici d'autre intérèt que
» celui de votre gloire: dans vingt ans, j'es-
» père que vous me rendrés plus de justice.

Ainsi se termina cette séance orageuse,
dont l'issue, funeste pour moi, a moins pesé
à ma sensibilité, que le compte que je suis
obligé d'en rendre; il m'en couterait encore
plus de m'appésantir sur les résultats de la
nomination de Carnot, évidemment illégale:
je ne puis en ce moment qu'évoquer une seconde fois la cause des Déportés, au tribunal
respectable qui me condamne, et appeller de
l'Institut, enchaîné par des considérations

pusillanimes, à l'Institut parfaitement libre,
et portant à-la-fois, sur les hommes, comme
sur les choses, ce jugement sain et incorrup-
tible, qui devance celui des siècles et qui l'interprête.

DÉFENSE DE L'INSTITUT,

CONTRE MA PROTESTATION.

J'aime ces héros d'Homère, qui, généreux
dans leurs triomphes, et superbes encore dans
leurs défaites, terminent presque toujours
leurs combats singuliers, par faire l'échange
de leurs armes : la salle de l'Institut, au 5
germinal, n'a pas été tout-à-fait la plaine du
Xante ou du Simoïs ; armé pour la cause de
cinq fils de Priam, j'ai combattu avec plus
d'audace que de génie, Ulysse et les Atrides ;
mais enfin, mes vainqueurs m'ont donné quelques gages d'estime, avant et après ma défaite :
je leur dois d'atténuer d'avance les coups que
j'ai encore à leur porter ; d'ailleurs, l'idée grande de défendre mes ennemis me consolera quelque jour de leur avoir abandonné la victoire.

Si l'on jugeait l'Institut, uniquement d'après
les formes arbitraires de sa dernière séance,
les hommes superficiels seraient tentés de

D 2

l'assimiler un moment avec la plu-part des grandes assemblées délibérantes, où les têtes se rétrécissent à mesure qu'elles se multiplient, où le génie d'administration perd en profondeur, ce qu'il gagne en surface, et l'on se tromperait sans doute: l'Institut qui, par essence, est pur comme la lumière qu'il reçoit et qu'il propage, qui calcule le jeu des passions humaines, et ne se permet point d'en être le régulateur, qui, content d'être la pensée des Gouvernemens, ne se charge, ni de les faire marcher, ni d'empêcher leur chûte, l'Institut, dis-je, a une espèce d'organisation Platonique, qui ne ressemble en rien à celle des autres Corps délibérans ; les petites considérations individuelles, avec lesquelles on subjugue les réunions d'hommes, qui aiment mieux être émues qu'éclairées, ne peuvent atteindre une société de sages, qui existent moins par leurs sens que par leur entendement ; quand cette société juge dans sa propre cause, plus généreuse qu'impartiale, il est rare qu'elle ne prononce pas contre elle-même: elle peut errer sans doute, car la fragile humanité n'a pas été exclue de ses élément, mais ses fautes mêmes sont accompagnées d'une sorte de grandeur qui les expie, et qui quelquefois les fait aimer.

Ce portrait, comme on va le voir, n'a rien
dé flatté ; mais s'il pouvait l'être , les hommes
mêmes qui se sont arrangés pour n'être jamais
jüstes envers l'Institut, me pardonneront sans
doute, aujourd'hui que je proteste contre ses
jügemens, de l'avoir tracé.

L'Institut ne s'est jamais mépris sur la nature des mesures désastreuses qui ont suivi le
mouvement Révolutionaire du 18 fructidor :
aucun de ses membres, lorsqu'il s'est permis
de descendre en lui-même , n'a révoqué en
doute que le Gouvernement du tems, en faisant rayer de notre Livre d'or les Nobles
lettrés de première race, qu'il avait envoyé
mourir lentement sous le ciel pestilentiel de
Sinnamary , avait voulu colorer ses violences
aux yeux de l'Europe, en nous en rendant
complices : aussi, à la lecture publique de la
lettre de cachet Républicaine, qui fut faite,
il y a trente mois, lorsque je demandai à
parler contre elle, personne ne sollicita la
parole pour la défendre: l'homme sage et
juste, qui occupait alors le fauteuil, se con-
tenta de me répondre : » Citoyen, notre de-
» voir aujourd'hui n'est que d'enregistrer la
» lettre du Ministre: le mois prochain nous
» délibérerons, et si vous persistés dans votre

« demande, vous aurés la parole.— Le digne Président avait calculé du premier coup d'œil, la profondeur de l'abyme, qu'on avait creusé sous nos pas, et, en me donnant un mois pour y réfléchir, il avait tenté de sauver le Curtius, qui s'y précipitait, sans avoir le moindre espoir de le fermer.

A l'approche des nominations fatales, qui allaient couvrir l'antique gloire des lettres d'un funèbre rideau, je sondai un certain nombre de membres de l'Institut, pour savoir, si quelqu'un se dévouerait avec moi : toutes les réponses furent uniformes, et purent se traduire ainsi : « nous ne pouvons rien contre « le torrent qui nous entraîne : Cayenne est « là, nous avons à obéir et non à juger.

Je me déterminai cependant à juger ; mais, certain d'être seul, et, comme il arrive dans les tourmentes Révolutionaires, de me perdre, sans fruit pour la chose publique, j'imaginai de n'insérer mon jugement que dans un bulletin secret, dont l'anonyme empêcherait le despotisme de m'atteindre : les élections des successeurs des Déportés se firent : amis et ennemis, tout le monde y procéda dans le silence morne de l'abattement ; il semblait que chaque membre, comme l'Aristide d'Athènes, inscrivait son propre nom sur la coquille de l'Ostracisme : quelques-uns eurent le courage de donner leur vote en blanc : pour moi, je variai ma réclamation dans chacun de mes billets : l'un portait ces mots : *les Candidats nous honorent, mais la place n'est pas vacante :* un autre : *l'honneur de l'Institut m'empêche de délibérer :* un troisième : *vous qui donnés des successeurs à des hommes vivants, la postérité vous jugera.*

D'ordinaire ces billets étaient lus, et personne ne réclamait, car j'étais l'interprête de toutes les arrières pensées ; une seule fois le Président s'écarta de ce devoir, et pour ne point scandaliser les oreilles Révolutionaires, approcha une bougie, et donna à mon bulletin les honneurs du bucher : j'étais dans le secret, et je promenai autour de moi des regards furtifs, pour sçavoir ce qu'on pensait de cette exécution : il me parut qu'en général on ne l'approuvait pas : des patriotes mêmes du 18 fructidor, s'ettonnèrent qu'un seul homme prit l'initiative sur l'Institut, quand il s'agissait d'une Cérémonie aussi imposante, que celle d'une Autodafé.

Il m'a semblé, d'après mes calculs philosophiques de probabilités, que, dans l'affaire de nos infortunés Collègues, où nous avons joué un rolle si passif, pour n'être pas réduits à n'en jouer désormais aucun, l'Immense majorité des membres de l'Institut, votait intérieurement pour les Déportés ; quand leur plume captive signait les noms de leurs successeurs : il m'a semblé que cette majorité aurait été bien aise de voir un grand nombre d'actes de courage, contrebalancer les adhésions pusillanimes de la faiblesse : il m'a semblé, que, tout en pliant sous la Logique terrible de l'épée, tout ce qui, dans ces tems désastreux, avait assés de force d'âme pour ne point désirer de places, se serait moins honoré de la protection des oppresseurs, que de l'amitié des victimes.

Ces probabilités se sont converties à mes yeux en certitudes, le jour même de la séance critique du 5 germinal, contre laquelle j'ai encore le courage de réclamer : arrivé dans la Salle, une heure avant son ouverture, j'ai vu l'intérêt tendre qu'on prenait au sort des Déportés : j'ai parlé à vingt de mes Collègues, dans toutes les Classes : il n'y en a pas un qui ne m'ait fait un éloge (plus senti peut être que raisonné) de mon Mémoire : des hommes faibles, mais droits, m'ont dit, » votre cause est

belle

» belle : il était difficile de la mieux plaider :
» mais le parti est pris, et nous demanderons
» l'ordre du jour contre vous.

Un trait plus étonnant encore a laissé une
trace profonde dans ma mémoire ; un des
hommes de l'Institut, dont j'estime le plus les
talens et la personne, mais qu'il ne m'est pas
permis de désigner de manière à le faire reconnaître, me prend par la main, et m'em-
menant à l'embrasure d'une fenêtre, » vous
» avez, me dit-il, fait en fructidor une
» action grande et digne de vous : si j'en
» avais pu concevoir la possibilité, je vous
» en aurais disputé la gloire, et sur-tout le
» danger : votre Mémoire est excéllent : il y
» a un grand nombre d'entre nous qui le
» signeraient de leur sang : mais vous ne
» serez point écouté, et vous ne devez pas
» l'être : il est des choses qu'ou ne discute
» point devant cent quarante-quatre person-
» nes : je vous conjure de retirer votre motion :
» croyez en, celui de vos Collègues qui s'ho-
» nore le plus de votre amitié.

Dans le cours de la séance, j'ai vu se mani-
fester le même esprit de lumière, de modération, de combat entre le cri intérieur de la
conscience et la déférence, que des réunions

régulières doivent à une apparente majorité ;
aucun de mes adversaires n'a tenté d'opposer
des raisons à mon Mémoire ; il s'est élevé des
murmures, quand je violais les formes, mais
ils semblaient commandés par l'amour de
l'ordre, et ils n'avaient rien de désobligeant ;
deux membres seuls, heureusement sans cré-
dit et sans influence, ont mis à poursuivre
l'ordre du jour, une activité que personne
ne partageait, une activité tellement hors de
mesure, que, s'ils avaient été Jupiter, je leur
aurais dit, comme un ancien philosophe,
,, Père des Diex, tu as tort, puis qu'au lieu
,, de me répondre, tu me foudroyes.

Quant aux soixante et treize, (ce nombre
est cher aux amis de la vertu), quant aux
soixante et treize, dis-je, simples spectateurs
de la lutte, et attendant que les coups se portassent, pour juger les athlètes, ils sont restés,
jusqu'à la fin de la séance, aussi impassibles
que les juges de l'Aréopage ; si la discussion
s'était ouverte, j'aime à croire qu'ils auraient
appellé à la conscience, du jugement de l'apparente majorité, et que forcés à prononcer
une peine contre les Déportés, ils n'auraient
point voté leur mort.

Mon Mémoire, mes réclamations verbales

contre l'ordre du jour, les formes mêmes que j'ai violées avec une sorte d'audace, n'ont rien ajouté à l'orage de cette journée : la presque universalité de l'Institut, était si persuadée de la justice de ma cause, qu'elle semblait me permettre de faire usage, même d'armes prohibées, pour la défendre : j'ai protesté solemnellement, contre une délibération, et on ne m'a point rappellé à l'ordre : j'ai dit avec quelque force, à une majorité apparente, qu'elle violait ses propres arrêtés, qu'elle avait deux poids et deux mesures, et un silence majestueux, de la part de l'assemblée toute entière, m'a annoncé que la vérité avait quelque prix pour elle, lors même qu'elle semblait la repousser par ses ordres du jour ; et que, digne encore de sa renommée, dans ses erreurs passagères, elle ne montrait, ni l'irascibilité du despotisme, à la vue de la résistance, ni l'amour propre des Corps, en presence du courage.

Enfin, l'accueil que j'ai reçu en sortant d'une séance aussi pénible, l'intérêt qui a redoublé en faveur de mon Mémoire, le zèle avec lequel plusieurs membres se sont disputé l'honneur d'avoir opiné, pour me faire accorder la parole, tout me démontre, dabord que l'Institut n'a point survécu à sa gloire; ensuite, que la cause des Déportés, malgré la nomination illégale de l'un d'entre eux, n'est point perdue, parce que les causes de la justice et de l'honneur, quand elles restent pendantes au tribunal de la Loyauté, ne se perdent jamais.

C'est d'après toutes ces considérations, que je vais mettre sous les yeux de mes Collègues, le nouveau plaidoyer que je devais prononcer, à la séance générale de germinal, et qu'à quelques augmentations près, que les évènemens postérieurs ont fait naître, j'ai conservé dans toute son intégrité : je tâche d'y répondre à toutes les objections, soit de la sagesse qui appelle les lumières, soit de la malveillance qui les repousse : je tente sur-tout de prouver combien le mode simple et pur que je propose, est supérieur à celui de la réélection : j'espère que l'Institut, envers qui je viens d'être juste, le sera à son tour envers moi, et qu'il lira cette nouvelle défense des Déportés, avec plus de calme qu'il ne les a jugés.

NOUVEAU MÉMOIRE

EN FAVEUR DES

DÉPORTÉS DE L'INSTITUT.

MES HONORABLES COLLÈGUES,

Je viens, avec l'esprit de paix et de philantropie, que vous me connaissés, vous remettre sous les yeux la cause de nos Collègues
Déportés, qui après nous avoir appartenu
par les talents, nous appartiennent encore
plus aujourd'hui, par la gloire qu'ils recueillent de leurs anciens malheurs : rendus enfin
à nous-mêmes, par ce tact inaltérable de
justice et de générosité, qui forme une seconde conscience pour les gens de lettres,
vous sentirés que vous ne pouvés prononcer
la sentence infâmante de la réélection, contre
des hommes purs, envers qui vous avés quelques torts a réparer, sans rendre votre satis-
faction plus cruelle que l'erreur même qui
vous échappa en fructidor, sans faire croire
à la France, qui a les yeux fixés sur vous,
que quand un Gouvernement Révolutionaire
vous forçait à coopérer à une liste de proscription, votre cœur était complice de votre main.

Je vous ai promis d'être concis, et je le serai; d'abord, parce que je crois avoir épuisé la question de droit, dans mon premier Mémoire; ensuite, parce que rien ne blesse plus des hommes éclairés, que de s'appésantir, pour avoir raison contre eux, dans la cause de l'évidence.

Je me bornerai à jetter quelques idées générales, sur quatre questions, qui ne sont devenues problématiques, que parce qu'il nous a paru plus commode de justifier un acte de faiblesse envers nos Collègues, que de le réparer.

1°. Y a-t-il des principes? Si la justice Politique les exclud, la justice Littéraire ne doit-elle pas les admettre?

2°. Les principes ont ils été violés, soit dans la radiation des Déportés, de notre liste, soit dans le jugement qui les condamne à être réélus?

3°. La réparation que nous devons à nos Collègues Déportés, peut-elle se concilier avec les maximes du Gouvernement tutélaire qui nous a régénérés?

4°. Quel est le mode le plus digne de la délicatesse de nos Collègues, et sur-tout de la gloire de l'Institut, pour rendre aux Déportés, les droits littéraires qu'il n'avaieut jamais mérité de perdre?

Y a-t-il des principes? Ce mot rappelle le paradoxe de l'évêque de Cloyne, *existe-t-il quelque chose?*

Mais, s'il fallait de la démence pour poser cette question au sein du Portique, ou dans les antiques jardins d'Académus, elle rentre dans l'ordre naturel des choses, aujourd'hui que le pyrhonisme révolutionaire a mis Dieu, la morale et la vertu en problême.

Les principes existent cependant : sans eux l'homme en société est un être contre nature: sans eux Catilina et Cromwel, sont aussi absurdes de lier par le succès le tissu de leurs crimes, que Marc-Aurèle de coordonner le bonheur de ses semblables : sans eux, un Gouvernement est un contre sens de l'intelligence, et une Académie, un blasphème calculé contre la raison.

Or le premier des principes est celui-ci : *sois juste envers tout le monde, pour que tout le monde soit juste envers toi;* le second: *hâte toi de réparer tes injustices, affin qu'on se hâte de les oublier.*

Les principes, contemporains de l'homme primitif, sont pour ainsi dire, la religion de la politique: toute loi qui ne les admet point est frappée de nullité: tout Gouvernement qui conspire contre eux, est tôt ou tard anéanti.

Quelquefois , dans ce sommeil de l'ordre public, qu'on appelle une Révolution , les hommes , qui ont le malheur de gouverner, s'excusent d'être injustes envers quelques individus , sous prétexte qu'il en résulte le bonheur de tous: ce mot est un sophisme : on ne va pas à l'harmonie par des suites de dissonances: on ne compose pas, des désastres des citoyens , le bonheur d'une République : mais enfin, ce sophisme renferme une sorte d'hommage aux principes , et les peuples froissés par le mal , craignant de l'être encore plus par le remède , jettent quelques momens un rideau sur la morale, jusqu'à ce que l'homme puissant qui prévarique tombe, et que l'homme pur qui le remplace , puisse être juste avec impunité.

Mais si la politique se permet quelquefois dans des tems de désastres et de crimes , de composer avec la conscience , l'opinion publique ne saurait descendre à de pareils accomodemens: celle-ci est la sauvegarde de toute justice, ou bien il y a contradiction dans les termes; elle ne sçaurait capituler avec la force qui désorganise, sans cesser d'être l'opinion publique : elle se conserve pure , ou elle n'est point.

Or le tribunal littéraire représente en tout tems cette opinion : il l'interprête quand elle est libre ; il lui recompose sa langue, lorsque le machiavélisme la dénature, ou que la tyrannie tente de l'anéantir ; si jamais ce tribunal, par de vaines considérations de prudence et de paix, se permettait de prévariquer, ce serait une calamité publique. Alors le disciple de Socrate ou de Fénélon pourraient proclamer la patrie, la morale et la vertu en danger.

Mes Collègues, je dois vous le déclarer avec une austère franchise : s'il y a des principes, vous devez, sur votre responsabilité, en conserver le dépôt ; si la cause que je plaide depuis trente mois est juste, il faut, sortant d'une honteuse minorité, casser, du moins quant à la personne des proscrits, l'acte où vous vous êtes rendus injustes envers eux, et prouver que vous êtes libres, en songeant à tout réparer.

Ne dites pas, ainsi que je l'ai entendu moi-même, *il est des choses qu'on ne discute pas devant cent quarante-quatre personnes ;* car alors vous supposeriez que cent quarante-quatre personnes qui, isolées, restent pures, une fois réunies, perdent le sentiment de leur

E

dignité ; vous feriez douter si la conscience individuelle a quelque point de contact avec la conscience générale , vous calomnieriez les lumières , que le choc des opinions ne fait que rendre plus ardentes, et sur-tout plus homogènes ; non , non , tout ce qu'il est bon de puiser dans son cœur , est bon à discuter , et un homme de bien peut dire devant cent quarante-quatre personnes , ce que cent quarante-quatre personnes ne doivent pas rougir de faire.

Ne dites pas encore : *il est de notre intérêt de céder aux circonstances* : car tout corps qui n'existe que par l'honneur, est mort dans l'ordre moral , dès qu'il le couvre lui-même d'un nuage : toute réunion , formée d'après l'esprit public, qui compose avec ses devoirs, conjure avec ses oppresseurs contre elle-même; elle cède aujourd'hui pour se conserver: demain , des hommes nouveaux n'ayant plus besoin, ni de son honneur, ni de son existence, elle se trouvera à la fois flétrie et brisée.

Sur-tout ne dites pas : *notre police intérieure n'appartient qu'à nous-mêmes ; nous ne conjurons que dans l'ombre , et l'œil de l'opinion publique ne nous atteindra pas;* non , votre police intérieure quand elle est es-

sentiellement liée avec l'ordre public , ne vous
appartient pas : si vous avez donné des successeurs à vos Collègues vivans , vous avez
violé la loi de votre inamovibilité , et vous
devez compte de cette infraction à la volonté
souveraine qui vous a fondés , et aux Pouvoirs légitimes qui en sont les dépositaires ;
d'ailleurs, je suppose que par condescendance
pour un gouvernement qui n'est plus , vous
laissiez dormir les principes , ce n'est pas
dans l'ombre alors que vous conjureriez :
vous avez beau fermer les yeux , la France
entière vous regarde ; s'il était possible que
tant d'illustres proscrits , échappés par mi-
racle à tous les genres de mort qu'une nature
marâtre peut offrir , perdissent la mémoire
de Cayenne et de fructidor ; si les Déportés
de l'Institut, dont je suis l'interprète , pou-
vaient jeter au loin la plume dont ils ont
fait jusqu'ici un si noble usage ; si moi-même
j'avais la faiblesse de capituler , sur la brèche
même que j'ai ouverte, avec les ennemis de
notre gloire , croiriez - vous échapper à une
célébrité qui vous poursuit , forcer au silence
la justice des siècles et briser dans les mains
d'un Tacite le burin de l'histoire ?

*Les principes ont-ils été violés dans la ra-
diation des Déportés, de la liste de l'Institut?*
Ici je serai court, car plus la logique est pres-
sante, plus la précision est ordonnée.

Les principes furent violés dans le mouvement du 18 fructidor, lorsqu'on abusa de la
victoire, pour inscrire sur des listes de proscription des hommes désarmés, et que par
une dérision cruelle, on fit intervenir la loi
pour les punir, tandis qu'on avait éludé cette
même loi pour les faire juger.

Les principes furent violés par le même
despotisme fructidorien, lorsque sa main de
fer pesant à la fois sur soixante victimes, il
en distingua cinq, qui n'étaient pas plus coupables que les autres, pour leur infliger une
double peine; lorsque non content d'appeler
sur la tête de ces derniers la mort de la nature, dans les plages inhospitalières de la
Zône Torride, il les condamna encore à une
mort morale, en leur ôtant leurs titres littéraires et leurs droits à l'immortalité.

L'Institut parut violer ces mêmes principes,
dans les nominations qui eurent lieu au commencement de l'an VI, lorsqu'il crut qu'un
arrêté du Directoire formait un poids dans
la balance du juste et de l'injuste, lorsqu'il

s'appuya d'une lettre de cachet, pour étouffer le cri de sa conscience, et légitimer l'infraction de ses propres lois.

Il parut les violer, lorsqu'assemblé pour donner des successeurs à ses Collègues vivans, il délibéra, tandis que le code même de son institution, le dérobait à l'influence de la tyrannie, en lui laissant le droit de ne pas délibérer.

Il parut les violer, quand il ôta à ces mêmes Collègues, une place à vie, qu'ils devaient à leurs talens, et dont le titre se fortifiait par la jouissance, quoique d'après toutes les institutions des peuples civilisés, ils ne dussent la perdre que d'après un jugement de forfaiture, qui n'a jamais été prononcé.

Et si l'Institut se justifie, ainsi qu'il le doit, en disant qu'à l'époque des radiations, il a cédé à la force qui Déporte, et non obéi à la raison qui persuade, voyons s'il est revenu aux principes, quand rendu à sa liberté, sous un gouvernement à la fois robuste et tutélaire, il a pu sans danger réparer une injustice, qui n'était dans le cœur d'aucun de ses membres, recouvrer le sceptre de l'opinion publique et redevenir lui-même.

Ici je continuerai à donner toute l'explosion nécessaire à ma franchise , et à faire sortir de l'exposition des faits , la vérité importante : que les principes se trouvant violés dans la réélection du citoyen Carnot , cette réélection est évidemment illégale.

L'Institut dans sa séance générale du 5 ventose , avait arrêté qu'on discuterait dans une commission centrale des trois classes , la grande question qui regarde les Déportés , et qu'il lui serait fait un rapport sur ce sujet , le mois suivant ; les commissaires ont été nommés , mais le rapport n'a point été fait ; et cependant à la séance de ce jour , 5 germinal , l'Institut va prononcer en nommant Carnot. — Première nullité.

Dans l'intervalle qui s'est écoulé entre ces deux époques, on a ouvert trois fois, et dans trois séances différentes, à la Classe des sciences physiques et mathématiques, l'avis de discuter, si nos Collègues illégalement rayés ne rentraient pas de droit parmi nous ; et trois fois la majorité des membres a éludé une motion aussi sage : cependant dans un sujet d'une importance majeure, et où les opinions semblaient si divergentes, la discussion était de droit ; si la majorité a cru de sa sagesse d'adopter une opinion moyenne entre le de-

sir d'être juste et celui de ne pas contrarier
trop ouvertement des mesures révolutionnaires, il fallait encore la motiver en présence d'une minorité qui réclamait ; éluder
des objections ce n'est pas les réfuter, et on
ne provoque pas la confiance en éloignant
les lumières. — Seconde nullité.

La séance actuelle semble, quant à la réélection du citoyen Carnot, encore plus frappée de nullité. L'Institut a pris des arrêtés à
son égard qu'il a violés une heure après : on
lui a objecté la loi, et il a gardé le silence ;
on a reclamé quatre fois contre l'inconvénient
et les dangers de son scrutin, et quatre fois
il a passé à l'ordre du jour ; enfin on a protesté
contre des actes aussi arbitraires de sa toute-
puissance, et par une dialectique inexplicable,
il n'a ni infirmé une nomination suspecte, ni
improuvé le désapprobateur.

Eh ! qu'on ne dise pas qu'ici mon suffrage
n'a que le poids de l'unité contre l'infini,
parce que seul j'ai écrit un Mémoire, seul j'ai
demandé à être entendu, seul j'ai protesté
contre la réélection : assurément dans les
discussions problématiques sur les sciences,
la littérature et les arts, je m'honore, mes
Collègues, de subordonner mes connaissances

à vos lumières , de dire que votre autorité est tout, et que la mienne n'est rien : mais quand il s'agit de questions primordiales sur lesquelles repose le bonheur des hommes , et que je vous présente l'éternelle justice , la morale et le pacte social , tandis que vous ne m'opposez qu'un silence désapprobateur , oui, je le dirai , avec une sorte d'orgueil, c'est moi qui, dans la balance des poids , ai l'infini , tandis que vous tous ensemble n'avez que l'unité : seul alors je rends par ma réclamation vos volontés invalides : c'est le *veto* Polonais , qui , quand il est motivé, annulle les délibérations de la Diète.

La réparation que nous devons à nos Collègues déportés le 18 fructidor peut-elle se concilier, trente mois après , avec les maximes d'un gouvernement tutélaire qui nous a régénérés?

Il me semble qu'une question pareille se résout par le seul mode de l'exposer.

Si un Gouvernement est *tutélaire*, il faut bien qu'il anéantisse tous les actes oppresseurs de celui auquel il a succédé : car s'il en laissait subsister quelques élémens, tout le bien qu'il médite de faire à la Patrie serait perdu et pour elle et pour le régénérateur.

Il est bien évident que le Gouvernement qui a écarté tant de ruines, pour construire un nouveau temple de la liberté, ne les rassemblera pas lui-même au-devant de son édifice, pour masquer son ouvrage.

Il est bien évident que le Gouvernement qui a brisé toutes les tables de proscription imaginées par la politique, n'est pas dans l'intention qu'il en subsiste une au milieu des Lettres, et une table d'autant plus odieuse, qu'elle atteint à la fois les individus qu'elle signale, et le corps qui la laisse établir dans son sein.

Je me hâte d'arriver aux preuves directes : le Gouvernement du 18 brumaire a parlé contre celui du 18 fructidor, et il l'a fait avec le succès qu'on devait attendre, de la pureté de ses principes et de l'énergie de ses moyens.

La plume éloquente de Fontanes restait inactive dans sa main : le Héros dont la gloire mérite d'occuper toutes les plumes de l'Europe, a choisi lui-même celle de cet intéressant proscrit, et l'a chargée d'achever d'asseoir l'immortalité sur la tombe de Washington.

On avait mis au rang des Déportés l'Instituteur des Sourds et Muets, un des hommes les plus vertueux de son siècle, et qui, fût-

*

il un parricide, méritait encore, par ses inappréciables services, d'être conservé au sol qui l'avait vu naître: le Gouvernement réparateur de brumaire s'est hâté de donner son assentiment au vœu de l'Europe. J'ai entre les mains la copie légale d'une lettre du Ministre de l'Intérieur, datée du 19 nivose an VIII, par laquelle il invite ce bienfaiteur des hommes à rentrer *de plein droit* dans sa place : ce mot *de plein droit* n'est pas équivoque ; il accusera long-tems l'Institut d'avoir pris, contre ses principes, de la faiblesse pour de la prudence, et de ne s'être pas prononcé, dès l'instant que le *Code noir* des Déportations a été abrogé, en faisant rentrer *de plein droit* dans son sein, les cinq Collègues, auxquels il s'était permis de donner des successeurs.

J'ajouterai à tous ces faits, que le Gouvernement, qui a confié à Carnot le département de la Guerre, qui a placé le respectable Barthélemy dans la première des magistratures, sans les avilir tous deux par des jugemens qui les réhabilitent, est loin de croire que nous ayons besoin d'une réélection infamante, pour replacer nos Collègues sur la liste de l'Institut. La restauration du 18 brumaire, a remonté tous les esprits au ton de la morale; elle a dérobé aux dangers toutes les sortes de courage. Puisque nous avons enfin la liberté de paraître ce que nous sommes en effet, que tardons-nous d'entrer dans la route que les mobiles de cette restauration heureuse nous ont frayée, et de nous laver du reproche terrible, que nous savons mieux obéir au Gouvernement qui fait le mal, qu'imiter le Gouvernement qui le répare.

Quel est le mode le plus digne de la délicatesse de nos Collègues, et sur-tout de la gloire de l'Institut, de faire rentrer les Déportés dans notre sein?

L'Institut, comme je l'ai déjà dit, a coupé le nœud gordien qu'il lui était aisé de délier: il a cru concilier tous les intérêts, neutraliser toutes les haines, et sur-tout mériter de deux Gouvernemens contradictoires, en adoptant le mode de la réélection; et Carnot, qui n'avait pas cessé un moment d'être notre Collègue, s'est laissé réélire.

Mais ce mode, qui semble satisfaire à tout, ne satisfait à rien : il blesse à-la-fois la délicatesse des Membres qu'on réélit, et la dignité des Électeurs ; il laisse un voile sur les notions que l'Institut s'est formées du juste et de l'injuste, et ce voile s'étend jusques sur sa gloire.

Les Déportés ne croiront jamais qu'on juge les hommes avec des proclamations ; qu'on les punisse légalement avec des lettres de cachet. S'ils étaient innocens au 18 fructidor, aucune puissance ne peut les empêcher de revenir siéger parmi nous; s'ils furent coupables, il faut les faire juger par les tribunaux, et non descendre à les réélire.

Une réélection fait toujours présupposer une radiation légale, par conséquent une tache imprimée sur un nom par les interprêtes de l'opinion publique. Or, quel est l'homme de lettres délicat, qui, à l'idée d'une tache, ne tressaille pas d'une juste indignation, qui ne secoue pas la poussière d'une terre inhospitalière, plutôt que de la partager avec des Collègues, qui, sachant son innocence, n'ont pas le courage de la proclamer! Pour moi, je sais bien que si j'avais eu l'honneur d'être proscrit, dans une cause que mon cœur aurait avouée, je ne l'aurais point gâtée par une faiblesse ; le jour où j'aurais pu revoir Paris sans danger, je me serais présenté de

moi-même à l'Institut: « Mes amis, aurais-je
» dit, je reviens m'associer à vos travaux ;
» je n'ai pas cessé un moment d'être digne
» de vous; et si l'acte de ma proscription
» vous en faisait douter un seul instant, je
» renoncerais pour la vie au nom honorable
» de votre Collègue, car vous ne seriez plus
» dignes de moi ».

Un motif non moins puissant, qui aurait
dû faire rejeter à l'Institut le mode odieux
de la réélection, c'est qu'il compromet sa
dignité.

Je prie mes Collègues de voir combien il y
a de chances défavorables contre eux dans le
jeu qu'ils se proposent de jouer; car une réélection, où l'on est forcé par la loi de donner
deux concurrens au candidat qu'on a choisi
d'avance, est un jeu qui admet toutes les
fausses combinaisons des loteries, et qui y
joint peut-être leur immoralité.

Je suppose, ainsi que tout le monde me l'a
fait entendre avant la séance, que le plan de
la majorité est de nommer Carnot: mais comme
les évènemens ne sont pas dans la main des
Électeurs, pour peu qu'une tactique ennemie,
ou simplement le hasard des chances, con-
trarie leurs mesures, ils s'exposent à faire

dire à la malveillance, que l'Institut a conjuré sans succès contre lui-même.

Êtes-vous sûrs d'abord que Carnot aura la majorité des votes ? Quelque bien lié que soit votre système de faiblesse, ne peut-il pas se faire que le plus grand nombre d'entre nous, à couvert de votre influence, par l'anonyme du bulletin secret, se permette de suivre ses propres lumières, et de donner son suffrage à des candidats vraiment éligibles? Ce doute mérite du moins d'être pesé : or, si votre Collègue n'est pas réélu, vous le perdez dans l'opinion publique: vous faites croire qu'il a une tache originelle, puisqu'après l'avoir rayé de vos listes, lorsque vous cédiez à la force, redevenus libres, et rendus à vous-mêmes, vous l'avez encore rejeté.

Maintenant je suppose que, certains du succès de vos mesures, Carnot va être réélu: mais ne voyez-vous pas qu'alors vous placez ses rivaux, Sané et Forfait, sur une liste illusoire? Ne voyez-vous pas que vous vous jouez de la courageuse minorité dont je fais partie, et dont je suis l'interprète ! Car enfin, si vous avez compté d'avance les suffrages, je ne vois pas pourquoi vous nous appelez à placer dans une urne des noms inutiles; du moment que vous anéantissez les chances favorables pour nous dans le jeu des élections, je cesse de jouir du bénéfice de la loi, et ma liberté d'élire n'est plus qu'un vain phantôme.

Vous n'êtes pas au terme des difficultés que vous entassez péniblement autour de vous : avez-vous fait entrer dans vos calculs que Carnot, plus généreux que votre liste de candidats ne le suppose, peut avoir le noble orgueil de refuser le diplôme peu honorable de sa réélection : qu'il peut vous dire, qu'il perdit encore moins l'idée de se croire votre Collègue dans son infortune, que dans sa grandeur : que sa place de Membre de l'Institut est une espèce de sacerdoce littéraire, dont le caractère est indélébile, et qu'il vous honore bien plus en se réunissant aux Déportés que vous n'appelez pas dans votre sein, qu'en acceptant seul vos dangereux bienfaits ?

Si Carnot, que vous avez consulté peut-être, ne vous tient pas ce langage, que son cœur magnanime doit cependant être loin de désavouer, il en est parmi les nobles compagnons de sa disgrace, qui pourraient avoir moins de cette prudence qui tue le caractère : et si je me permettais à cet égard de jeter le gant de Tancrède dans la lice d'honneur, je ne doute pas que plus d'un des proscrits ne se hatât de le ramasser. Alors, à chaque nomination l'Institut aurait un nouveau combat à soutenir ! Combat d'autant plus pénible, que c'est une mère tendre qui semble désavouer ses enfans légitimes, et qu'il ne lui reste d'autre alternative que de rougir de sa défaite, ou de gémir de sa victoire.

Je touche à l'inconvénient le plus grave de votre mode de réélection : si, d'après l'exemple que vous donnez pour Carnot, les autres proscrits doivent attendre, pour rentrer parmi nous, la vacance d'une place dans leurs Sections, quel sera le terme de cet ostracisme littéraire ? Il est telle de ces places qui peut ne vaquer que dans dix ans, dans vingt ans peut-être : eh quoi ! faut-il, parce que vous avez été faibles un moment, que l'homme juste soit vingt ans puni ? D'ailleurs, l'Institut attendrait-il pour s'applaudir d'être juste envers un de ses enfans, qu'il eût à gémir de la mort d'un de ses frères ? Et ne saurait-il rendre la Patrie à ses Aristides, sans porter le deuil de ses Thémistocles ?

En vain adouciriez-vous la rigueur de votre sentence, en donnant aux Déportés les premiers héritages vacans, quelle que fut la Section : cette mesure moyenne ne fait d'abord qu'éluder ma grande objection, qu'on n'est pas juste parce qu'on sait calculer des tables de mortalité ; ensuite l'idée d'intervertir ainsi l'ordre naturel de notre tableau, et de placer par exemple un Membre de la Légilation dans l'École Vétérinaire, ou de faire succéder un Poëte à un Géomètre, n'empêchera pas que réellement certaines Sections ne restent incomplètes, et que d'autres n'aient des surnuméraires, ce qui vous rend doublement infracteurs de la loi qui vous institue.

L'Institut ne se serait point engagé dans ce labyrinthe inextricable d'erreurs et de fausses mesures, si dès l'origine il avait voulu m'entendre, si dès l'origine il s'était bien convaincu que dans un corps qui se trouve dépositaire des lumières d'une grande nation, ce sont les circonstances qui doivent céder aux principes, et non les principes aux circonstances.

Quant au mode que je propose depuis trois mois, et qui consiste à inviter nos Collègues injustement déportés, illégalement rayés de nos listes, à revenir siéger parmi nous, je crois qu'il n'est pas plus de nature à offenser le cœur généreux de nos Collègues, qu'à blesser leur logique.

Ce mode est simple, et dans tous les pro-

blêmes où la morale doit intervenir , c'est
par la simplicité qu'on arrive à la vérité.

Il est juste : car il ne punit pas des hommes
purs de ce qu'ils ont été proscrits, contre la
conscience même du Gouvernement.

Il satisfait à la délicatesse des Déportés ,
qui, en qualité d'hommes de lettres, ne veulent,
ni d'un bienfait qui compromet leur renommée , ni d'une clémence qui les déshonore.

Enfin il convient à la dignité de l'Institut,
qui , juge-né des justices humaines , apprend
par son exemple, à tous les Pouvoirs, que la
peur de heurter des intérêts du moment, n'est
point un titre pour se dispenser d'être juste ;
et que si, dans des tems malheureux , on s'est
permis des actes de faiblesse , on doit avoir
du moins le courage de le dire , pour laisser
à ses successeurs celui de les réparer.

On ne peut opposer à cette mesure que
deux objections qui aient une apparence de
logique , et je vais tenter d'y répondre.

S'il est vrai, me dira-t on , que les élections
commandées par le despotisme fructidorien,
sont illégales, les hommes de lettres qui ne
remplissent les places de l'Institut , que par
le bénéfice d'une loi révolutionnaire, doivent
donc les quitter, pour les rendre à leurs pos-
sesseurs légitimes.

. Je ne crois pas que, du moins dans la justice littéraire , cette conclusion soit évidemment tirée du principe : il y a ici deux points de droit très-distincts , renfermés dans la même cause ; l'un regarde les électeurs , l'autre les Candidats élus ; il est évident que les électeurs ont enfreint la loi primitive de leur institution , en cédant à la loi Révolutionaire, qui les forçait de déclarer vacantes des places inamovibles , mais les Candidats élus , une fois admis d'après des formes légales , ont de leur côté de vrais titres: ils siégent parmi nous , en vertu des mêmes droits qui nous ont fait adopter, et devenus par là propriétaires du fauteuil Académique, ils ne sauraient être punis justement , ni de la faiblesse de leurs Collègues, ni du délit de la loi, qui semble avoir légitimé cette faiblesse.

J'ajouterai, que quand même il resterait encore quelque doute sur ce sujet, les Déportés, les plus généreux des hommes , parce qu'ils en sont les plus purs, ont résolu le problème, en déclarant solennellement, qu'ils ne voulaient déplacer personne: trait, qui ajouterait encore à la surprise de l'Europe, et j'ose le dire , aux regrets de la grande majorité de l'Institut, si, par une fatalité que je n'ose prévoir, ils se trouvaient eux-mêmes déplacés.

F

La dernière objection raisonnable vient de ce nombre sacré de cent quarante-quatre fixé par la loi, et d'après lequel il faudrait ou ajourner le retour des proscrits, ou frapper les élections fructidoriennes de nullité.

Personne n'est plus convaincu que moi, de la nécessité de conserver à cet égard la loi de notre institution dans toute son intégrité; diminuer le nombre des membres de l'Institut, c'est peut-être appauvrir ses principes de vie, mais l'augmenter, c'est le mettre à mort; et ce n'est pas sans motif que je m'exprime ainsi: je sais qu'il se trame dans l'ombre une conspiration, pour rendre notre société littéraire plus nombreuse, je ne dis pas plus florissante: le but secret des conjurés est de nous forcer à adopter des noms inconnus, vingt fois repoussés, à placer à côté des successeurs de Cassini, de Fréret et de Fontenelle, des héros qui ne sont que Révolutionnaires, à associer l'homme du moment, avec l'homme de tous les siècles: les régulateurs de la chose publique sont trop clairvoyans pour ne pas pénétrer un tel machiavélisme; mais il ne faut pas que de leur côté, les hommes purs offrent un prétexte à cet avilissement de l'Institut, avant-coureur de sa mort, en offrant au public une liste de membres, dont le nombre serait supérieur à celui qui est déterminé par la loi.

J'observe d'abord, que par la mort du physicien Leroy, Carnot est rentré à l'Institut de plein droit, et sans avoir besoin de réélection : j'observe aussi que Barthélemy, ne remplissant qu'une place d'associé, sa résidence à Paris, en qualité de Sénateur, rend son association nulle, d'après nos réglemens : ainsi, la liste supplémentaire ne renfermerait que les trois noms de Sicard, de Fontanes et de Pastoret, ou ceux des membres fructidoriens qui les ont remplacés dans les Sections de Grammaire, de Poësie et de Législation : voyons d'après ces données, le mode le plus simple, de résoudre le problème.

Le titre de membre de l'Institut, semble se composer de l'insertion du nom dans nos listes publiques, du droit de délibération, et du partage de l'indemnité.

Il me semble de droit naturel, que les noms de Pastoret, de Sicard et de Fontanes, soient rétablis sur la première des listes qu'on imprimera : car ils ont le privilège de l'antériorité de jouissance, et ce privilège n'est sûrement pas anéanti par la constance héroïque, avec laquelle ces martyrs des principes, ont subi trente mois d'adversité.

Nos listes n'offriront donc au public que cent quarante-quatre noms, et dans une circonstance sans exemple, la première où l'Institut s'est montré faible, et la dernière où il le sera sans doute, cette mesure suffit pour montrer la déférence à la loi.

Cette réintégration des Déportés, sur la liste publique, doit se faire sur un ordre simple, émané du Président : car nous n'avons pas la puissance de rayer, par un arrêté, même d'un frivole almanach, trois de nos Collègues, nommés d'après les formes prescrites, dont la gloire individuelle est associée à celle du Corps, et qui n'ont à se reprocher que la faute si pardonnable, de n'avoir pas refusé, à la révolution fructidorienne, leur brevet d'immortalité.

Le droit de délibérer est un objet de reglement intérieur, où la loi ne doit pas intervenir : ce droit doit être commun, soit aux Déportés, soit à leurs successeurs, et il en résultera un avantage pour la chose publique, parce que plus il y a d'hommes sages, qui délibèrent, plus la discussion fait jaillir de lumières.

Quant à notre indemnité, si le Gouvernement ne faisait pas un sacrifice, nous nous réunirions pour le faire nous-mêmes, et le moins fortuné ne serait pas le dernier à donner l'exemple du dévouement ; l'hypothèse même, où ce léger sacrifice ne serait point

admis, ne changerait encore rien aux élémens
de mon système d'égalité: car a'ors, soit les
proscrits, soit les fructidoriens, prononce-
raient contre eux - mêmes, dans leur propre
cause, et il y aurait entre eux un combat
sublime de générosité.

CONCLUSION.

Quoiqu'il me soit infiniment pénible de lut-
ter d'opinion contre des hommes supérieurs,
qui m'éclairent sans cesse, quoique cette lutte
même contre une majorité apparente, soit un
titre dé défaveur pour moi, je me présenterai
encore le 5 floréal, dans les champs d'honneur, pour la cause impérissable des Déportés,
et mon Mémoire à la main, je vous redeman-
derai la parole.

Si, comme votre amour inné de la justice,
éclairé par le sang froid de l'examen, m'en
donne l'espoir, vous consentés à m'entendre,
je me contenterai de présenter à votre discussion, l'arrêté ci-joint, dépouillé de son *considérant* que j'abandonne à votre sagesse.

1°. Les membres de l'Institut qui ont été
destitués après le 18 fructidor, n'ont pu, en
vertu de cette destitution, cesser d'être membres de l'Institut.

2°. Les Candidats présentés par leurs Classes respectives, pour succèder aux Déportés,
ayant été élus suivant des formes légales, sont
maintenus dans leurs places.

3°. Le citoyen Barthélemy a été légalement
membre associé de l'institut, jusqu'au 24
pluviôse, an VIII, où il a accepté une place
dans le Sénat Conservateur.

4. Un défaut de formes, à la séance du 5
germinal, annulle la réélection du cit. Carnot,
rentré de plein droit, par la mort du citoyen
Leroy, dans la Section de Méchanique.

5. Les cit. Pastoret, Sicard et ontanes,
sont invités à se réunir à leurs Collègues.

6. Il ne sera pas nommé à la première
place vacante, dans les trois Sections de
Grammaire, de Poësie et de Législation.

Tel est l'arrêté, qui, anéantissant un monument de faiblesse, sans en rappeller la mémoire, conciliant les principes avec ce que la
prudence du moment peut permettre d'énergie, vous mettrait à portée d'acquitter la
grande dette que vous avez contractée envers
l'opinion publique, la morale et le Gouvernement.

Si, contre mon attente, vous adoptiés encore
cet *ordre du jour*, avec lequel, dans les assemblées révolutionaires, des hommes qui cra-

gnaient la lumière, se sont si souvent dispen-
sés d'être justes, alors, mon rôle est rempli :
mes deux Mémoires restent, ils empêchent la
prescription des droits inaliénables des Déportés, et serviront, dans des tems plus heureux, de matériaux pour la révision.

Alors un grand rideau, qui, jusqu'ici
n'était qu'entrouvert, achevera de se dérouler
devant moi : je verrai que ce qui a conduit le
Corps le plus éclairé de l'Europe, et j'ose le
dire, le plus juste, à tant de fausses mesures,
dans la cause des Déportés, est évidemment
la crainte pusillanime de heurter un Gouvernement oppresseur qui n'est plus, contre le
Gouvernement tutélaire qui l'a remplacé.

Alors, m'élevant à des considérations générales, j'examinerai dans son principe et dans
ses effets, ce grand mobile de la peur, qui a
détérioré, depuis dix ans, les vertus d'un
grand peuple et amené ses désastres : je re-
chercherai s'il n'est pas de l'intérêt de la chose
publique, quand on voit tomber un Gouvernement prévaricateur, de lui dire les raisons
de sa chûte, qui, heureusement pour la cause
de la morale, sont toujours dans ses prévari-
cations : je discuterai, sur-tout, le paradoxe
favori des hommes purs, mais faibles, qui
veulent que la vérité ne soit bonne à dire que

dans un tems opportun, c'est-à-dire, quand on n'a plus besoin de courage pour l'annoncer : paradoxe qui tend à perpétuer l'esclavage de la pensée, et à faire faire un pas rétrograde à la politique et aux lettres : toutes ces spéculations seront l'objet d'un troisième et dernier Mémoire.

Cependant, je prie mes collègues de ne point regarder cette simple annonce, comme un défi, parce qu'il n'est point dans mes principes, et que tout mon cœur le désavoue : quelque soit le jugement qu'ils prononcent dans la séance du 5 floréal, je dépose aujourd'hui mes armes; s'ils se montrent justes dans la cause des Déportés, je le dirai avec orgueil à l'opinion publique, s'ils les condamnent, je renfermerai dans le fond de mon cœur mes justes regrets; et quoiqu'il arrive, mon dernier Mémoire entièrement consacré à la politique générale, ne sera adressé qu'à une Patrie que j'idolâtre, aux philosophes Cosmopolites et aux bons Gouvernemens.

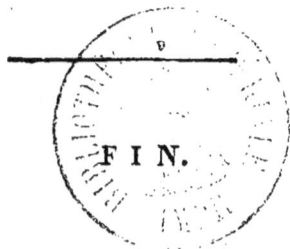

F I N.

A L'INSTITUT NATIONAL

DE FRANCE,

SUR LA DESTITUTION

DES CITOYENS

...... BARTHÉLEMY, PASTORET, SICARD et FONTANES.

TROISIÈME ET DERNIER MEMOIRE.

PAR leur Collègue J. DE SALES.

A PARIS,

Le 20 Floréal, an VIII de la République Française.

PETITE NOTE.

J'ai toujours employé le mot de *Collègue*, au lieu de *Confrère*, dans le cours de mes Mémoires, et j'en dois justifier l'usage.

Il m'a toujours semblé que le terme de *Confrère*, qui ne remonte qu'à l'époque des *Confréries*, était ignoble. *Il y a une indulgence plénière pour tous les Confrères*, dit le Dictionnaire de Trévoux.

Le mot de *Collègue*, contemporain des premiers Consuls de Rome, a une étymologie plus noble, et quoi qu'on en dise, n'est pas affecté à désigner des hommes dans de grandes places, et des Membres du Gouvernement : car s'il vient de *Colligere*, il ne veut dire que *réunion* ; s'il dérive de *Colligare*, il s'étend à tous les Corps dont les individus sont *liés ensemble* par des intérêts communs : or, on ne contestera pas à l'Institut d'être une *réunion* d'hommes éclairés, et de paraître *liés ensemble* par une chaîne d'intérêts communs et de devoirs.

INTRODUCTION.

J'avais annoncé que mon second Mémoire serait le dernier dans la cause directe des Déportés, tant il m'en coûtait de tenter d'avoir raison contre un Corps qui est pour moi le foyer des lumières ! tant la tâche honorable que je m'étais imposée, pesait à ma reconnaissance ! Je ne crois pas, en imprimant cet Écrit, manquer à mes engagemens ; un nouvel ordre de choses se présente devant moi ; il provoque, dans mon entendement, de nouvelles idées, et commande à mon courage de nouveaux devoirs. J'ai déposé les armes pour combattre l'Institut, je les reprends pour défendre sa gloire : puissé-je, dans une matière aussi délicate, ne compromettre ni sa prudence, ni sa dignité, rester ami des principes sans me montrer indiscret, et me rendre l'interprète de mes Collègues sans les faire rougir !

L'Institut, dans sa mémorable séance du 5 floréal, avait fait un grand acte de justice : il avait rappelé dans son sein les honorables victimes de fructidor ; je le croyais du moins, et je vais m'efforcer de le croire encore,

G

puisqu'en qualité d'un de ses enfans, j'ai
épousé sa gloire ; mais un de mes Collègues,
Président d'une des Sections du Conseil
d'État, a jeté des doutes sur le beau résultat
de la déférence de l'Institut pour l'opinion
publique, et ces doutes ont été transmis à
l'Europe par la voie des journaux : il a plus
fait encore ; il a dit que la loi nous défendait
d'être justes, et que, si réclamer contre
l'oppression était pour l'Homme de Lettres
isolé un acte de courage, c'était pour les
Hommes de Lettres réunis un acte de perturbateurs ; ces principes, que des oreilles
philosophiques sont si étonnées d'entendre
sortir de la bouche d'un Philosophe, demandent, avant d'être réfutés comme des erreurs,
à être discutés comme des problèmes : ici,
je ne puis être passif sans renoncer à ma
qualité d'homme ; et malheur à moi, si,
après m'être prononcé avec quelque vigueur
dans une question d'Académie, je me taisais
lâchement sur une infraction raisonnée de la
morale et du pacte social !

Pourquoi ne me suis-je pas trouvé dans le
cabinet de cet ingénieux adversaire, lorsque
tous ces dogmes nouveaux échappaient à sa
philantropie ! j'aurais peut-être sauvé à la

première des Sociétés Littéraires, une guerre fatale, qui ne peut assurer ses triomphes, sans raviver toutes ses blessures.

« D'où vient, lui aurais-je dit, assurez-vous
» comme une vérité de fait, que l'Institut,
» qui a voulu exécuter une grande chose
» dans la séance du 5 floréal, en rappelant
» les Déportés dans son sein, n'a réellement
» rempli qu'un devoir vulgaire de bienséance,
» en les invitant à assister comme étrangers
» à ses séances ? Avez - vous bien calculé
» l'effet de ce beau mouvement électrique,
» qui, dans un clin-d'œil, a fait taire toutes
» les passions haineuses, rendu homogènes
» toutes les opinions politiques, et forcé toutes
» les rivalités à s'éteindre en présence de
» l'honneur : ce mouvement était beau, et
» par la raison qu'il l'était, vous l'avez par-
» tagé, sans doute : comment donc, quand
» votre cœur a été ému, votre plume est-
» elle restée froide ? Fallait-il transcrire un
» squelette d'arrêté, sans faire part de la scène
» touchante qui l'interprète et le vivifie ? Quand
» une scène dramatique a amené de grands
» résultats, il faut, pour la fidélité de l'his-
» toire, se jeter au milieu des personnages:
» alors, la vérité consiste à peindre et non

» à transcrire des formules ; à prendre les
» pinceaux de Tacite et d'Homère , et non
» à aligner des paragraphes de gazette.

    » Mais , malgré ma persuasion intime ,
» malgré l'opinion d'un certain nombre de
» mes Collègues, je veux bien croire que
» l'Institut , après s'être prononcé solemnel-
» lement pour assurer le titre inaliénable des
» Déportés, en est venu , à force d'amende-
» mens, d'exceptions, d'hommages pusilla-
» nimes au simulacre de la loi, à inviter
» simplement ces infortunés à honorer de leur
» froide et stérile présence la salle de ses
» rassemblemens ; imprudent, qu'avez-vous
» fait ? vous jettez une pierre d'achoppement
» au-devant du sentier que l'Institut se frayait
» pour arriver à la gloire : vous l'empêchez
» de réfléchir que dans une cause aussi ma-
» jeure, une demi-justice rendue aux Dé-
» portés est une injure : vous enchaînez ses
» délibérations futures ; vous empoisonnez
» dans son germe l'interprétation heureuse,
» qu'il pouvait faire le mois prochain de
» l'arrêté insignifiant de floréal ; oh ! quels
» seront vos regrets un jour, si jamais ce
» Corps célèbre , recouvrant le plus beau
» privilège de sa liberté, celui d'être juste ,

» est entraîné, uniquement par la force des
» choses, à rendre à nos Collègues leur
» propriété dans toute sa plénitude, sans
» avoir eu le mérite de précéder l'opinion
» publique, d'être le régulateur des grandes
» actions morales, et d'apprendre, par son
» exemple, à tous les Gouvernemens, qu'on
» ne compose pas plus avec la conscience
» générale qu'avec la conscience individuelle,
» et que tergiverser, quand il s'agit d'être
» juste, c'est aggraver ses torts, au lieu de
» les faire oublier ! »

Quoi qu'il en soit, le mal est fait : le journal
de Paris, copié par presque tous les papiers
publics, a fait entendre que l'Institut s'était
montré, dans son jugement sur les Déportés,
plus sensible qu'équitable ; qu'il avait appelé
dans son sein, non des Collègues, mais
des amis ; et qu'en jettant quelque baume
sur les blessures des victimes du dix‑huit
fructidor, il avait, sans le savoir, tenté de
leur faire sanctionner jusqu'à la table de
proscription, qui leur ôtait le double titre de
citoyens Français et de Membres de l'Institut.

Essayons, dans ce Mémoire, de concilier
l'Institut avec ses principes, de prouver que,
dans son dernier arrété, il ne s'est point

G 3

montré au-dessous de lui-même, et, dans le
cas où il ne se serait pas cru ce jour-là assez
puissant pour paraître tout-à-fait juste, de lui
révéler le secret de sa force, afin qu'il se
prononce avec franchise le mois prochain,
et qu'il réconcilie ainsi, avec l'opinion, sa
séance problématique de floréal.

Pour mettre de la clarté dans cet écrit,
je suis obligé, malgré ma répugnance à me
mettre au-devant de la scène, de présenter
le tableau rapide de cette séance de floréal,
que les Membres de l'Institut interprétent
suivant leurs opinions politiques, le Public,
éclairé ou égaré par les journaux, d'après sa
pente à nous aimer ou à nous haïr, et que
l'Histoire n'appréciera avec vérité que quand,
par un arrêté nouveau qui dissipera tous les
nuages, nous aurons mis le sceau de l'immortalité à notre courage ou à notre faiblesse.

De la question de fait, je passerai à celle
de droit : l'Institut a-t-il le pouvoir de rétablir sous le règne de la liberté les Membres
qu'il avait bannis de son sein sous le règne
de la force ? Quelle est l'influence de l'Institut sur des lois oppressives, et quelle est
celle des lois tutélaires sur l'Institut ?

Ces considérations me conduiront à jeter

quelques idées sur des problèmes politiques qui tiennent à l'organisation sociale : Y a t-il dans les États libres des élémens naturels d'insurrection contre les abus du pouvoir ? L'insurrection n'est-elle pas par essence dans un Corps désarmé qui interprète l'opinion publique ? N'est-il pas de l'intérêt des hommes qui gouvernent, qu'une association qu'il a sous sa main, et qui se trouve sans cesse entre le pouvoir légitime qu'il respecte, et les lumières qu'il propage, soit le dépositaire de ce droit d'insurrection ?

Je ne me dissimule pas combien l'entreprise que je tente est délicate : elle est au-dessus de mon talent ; mais elle n'est pas au-dessus de mon zèle : d'ailleurs, on ne m'a pas laissé ignorer que ce qui avait donné quelque succès à mes faibles Mémoires, était d'avoir jeté avec franchise mon cœur au-devant de celui de mes adversaires, d'avoir été Logicien sans me faire Déclamateur, et sur-tout, d'avoir combattu l'Institut avec cette réserve et cette décence qui prouvent que j'ai le sentiment de sa dignité : je ne changerai pas de principes en changeant de champ de bataille : je continuerai à mettre de la discrétion dans ma franchise, de la précision

G 4

dans ma logique, et sur-tout une sensibilité
d'abandon dans les remontrances respectueuses
que je serai obligé de faire à l'Institut ; quel
que soit l'évènement du combat , je veux
que mes honorables ennemis m'estiment après
ma défaite , ou me pardonnent après ma
victoire.

J'annonce, à la tête de cet Ouvrage, qu'il
sera le dernier dans la cause directe des Déportés. Quand il paraîtra à la lumière , leurs
Juges naturels seront sur le point de prononcer en dernier ressort : alors, les inté-
ressantes victimes de la proscription fructidorienne, n'auront plus ni de fausses terreurs
ni de stériles espérances : on les déclarera
ou titulaires de leur place inamovible , ou
étrangers à elle : on leur lira leur sentence ,
ou l'on ajoutera des sceaux plus honorables
à leur brevet d'immortalité : de ce moment
mon rôle est rempli, et si le combat se ren-
gage, c'est aux illustres proscrits à se présenter eux-mêmes dans l'arène : supérieurs à
moi dans le choix des armes , dans l'intelligence des positions , dans l'art de diriger les
coups , ils n'auront pas de peine , ne fût-ce
qu'en montrant leurs honorables cicatrices ,
à vaincre et à me faire oublier.

PRÉCIS

DE LA SÉANCE DU CINQ FLORÉAL.

Mon entrée dans l'arène se présenta sous les auspices les plus sinistres : je consultai, avant l'ouverture de la séance, un grand nombre de Membres pour solliciter un appui, que, dans des tems plus heureux, tout le monde se serait empressé de m'offrir : les uns me firent entendre que la sagesse, en présence des Corps délibérans, ne consistait que dans l'opportunité. Les autres me dirent avec franchise, que plus ma cause était bonne, plus il y avait de danger à la plaider devant des hommes qui avaient un grand intérêt à me la faire perdre, et personne ne voulut me servir de second dans la lice d'honneur. Un seul me promit les vœux les plus ardens pour la réussite : c'était le grand Pontife Aaron, qui ne voulait intervenir au combat, qu'en étendant les mains vers le Dieu qui donne la victoire.

La séance s'ouvre : j'étais inscrit pour avoir
le premier la parole : on m'oppose deux Rap-
ports qu'on suppose plus urgents : le Bureau,
composé d'hommes intègres, et incapables de
conjurer avec la prudence du moment, contre
la justice éternelle, le Bureau, dis-je, déclare
qu'il ne se permettra pas de décider la question, et consulte l'Institut. Par une de ces
bisarreries qui caractérisent les grandes assemblées délibérantes, bisarreries qui con-
fondent tous les systèmes de sagesse, et dé-
routent tous les calculs de probabilités, l'Institut ne va pas aux voix : un des Rapporteurs
prend la parole ; je la cède à l'autre pour ne
point exaspérer les esprits, et la discussion,
filée avec art par une tactique ennemie, se
prolonge de manière qu'il ne reste plus que
trente-cinq minutes, pour arriver à la clôture
de la séance : alors, la lassitude des combattans ayant amené un intervalle de calme,
j'en profite pour tenter de reprendre mes
droits usurpés, et le Président, sans balancer,
m'accorde la parole.

La position embarrassante de l'Institut,
entre son amour des principes et son système
raisonné de faibles-c, ses refus de m'entendre, renouvelés quatre fois dans la séance

de germinal , son desir , bien manifesté en
ce moment par cinq quarts d'heure de discussion oiseuse , de ne pas délibérer sur un
sujet qui semblait compromettre sa gloire ,
tout préparait à mes yeux un autre dénouement ; convaincu qu'on consulterait l'Assemblée pour savoir si je serais entendu , et que
celle-ci persisterait dans son déni de justice ,
j'avais préparé un discours véhément contre
l'abus , soit anti-littéraire , soit anti-républi-
cain, des ordres du jour : la permission de
parler donnant une nouvelle direction à mon
plan de défense , je me vis un instant désar-
çonné avant d'avoir combattu : je n'avais rien
d'écrit , rien de classé méthodiquement dans
ma tête , mais j'étais plein de mon sujet ; je
crus , dans une affaire aussi mémorable ,
voir tous les yeux fixés sur moi , et j'eus
l'audace d'improviser : si j'ai réussi, c'est
que dans les causes où il faut, pour triompher, parler aux passions de ses juges encore
plus qu'à leur logique , le sujet fait la moitié
du succès , et l'art de mettre l'intérêt en jeu,
tout le prestige de l'éloquence.

« Je ne viens pas, mes Collègues , remettre
» sous vos yeux les preuves sans nombre que
» j'ai accumulées pour une cause impérissable,

» et que la France peut-être aura jugée avant
» vous ; j'ai fait distribuer à chacun de vous
» mes deux Mémoires : vous êtes trop justes
» pour détruire ces preuves, ou même sim-
» plement pour les atténuer, sans en avoir
» pris connaissance, dans les écrits où elles
» se trouvent avec tout leur développement :
» je me contenterai d'appeler votre attention
» sur un argument que je regarde comme
» d'une évidence mathématique, et que je
» tire du plus beau titre dont vous vous
» honorez, du titre de Citoyen Français : je
» m'y arrête avec d'autant plus de raison,
» que j'ai oublié de le faire valoir dans mes
» deux Mémoires ».

Pendant ce préambule, quelques murmures
sourds s'étaient faits entendre à quelques
points de la salle : il s'agissait de les empêcher de croître, ou peut-être de les étouffer,
en commandant l'attention par quelque trait
vigoureux qui pût éveiller la curiosité : après
un moment de silence, je continue :

« Pardon, Citoyens, si je vais vous entre-
» tenir du dix-huit Fructidor ; il n'entrait
» pas dans mon plan de rappeler à votre
» souvenir cette journée désastreuse.... Le
» moment n'est pas venu de déchirer tous

» les voiles..... D'ailleurs, je ne veux ni
» ne dois aujourd'hui offenser personne : mais
» ce sinistre Fructidor a des élémens com-
» muns avec la cause des Déportés : je ne
» puis me taire sur les oppresseurs, sans
» compromettre leurs victimes, et vous me
» permettrez de mettre quelque énergie dans
» ma véracité ».

Le but auquel j'aspirais se trouva rempli :
tout le monde fut curieux de savoir avec
quel fil je me tirerais du labyrinthe où j'osais
m'engager : les Fructidoriens écoutèrent avec
attention pour apprécier mon délit, les ennemis de toutes les factions pour rallumer leur
ame éteinte au feu de mon courage ; et de
ce moment, un silence profond régna au
sein de l'Institut.

« Si le dix-huit Fructidor avait été un jour
» de salut pour la Patrie, comme on l'a dit
» dans tant de Proclamations que la logique
» et la morale désavouent : si les décrets
» qui en ont résulté n'avaient pas été des lois
» de Dracon, écrites avec du sang humain,
» les cinq Déportés de l'Institut, légitime-
» ment flétris, légitimement jetés aux li-
» mites du monde, auraient perdu ce titre
» de Citoyens Français, que leurs talens, et

» sur-tout leur constance dans le malheur,
» ont tant honoré : dès-lors, regardés comme
» étrangers dans le Corps Social, ils n'au-
» raient pu éluder leur sentence sans ajouter
» à leur délit : ils n'auraient pu se dérober
» à là Déportation sans mériter l'échafaud :
» ces conséquences sont essentiellement liées
» au principe : faire du dix-huit Fructidor un
» jour de triomphe pour le nom Français,
» c'est aggraver les crimes de nos Déportés;
» c'est les mettre non-seulement hors de
» l'Institut, mais encore hors de la loi.

» Or, nos Déportés ont tous éludé leur
» peine, ou osé s'y soustraire. Carnot, au
» lieu de se rendre sur la frégate de Roche-
» fort, a tenté de se faire oublier dans Al-
» tona : Pastoret, dont vous connaissez le
» talent, et dont le courage est encore au-
» dessus, loin d'obéir aux lois perturbatrices
» qui l'exilaient à Cayenne, ou seulement à
» Oléron, a mieux aimé chercher une Patrie
» dans les gorges inhabitées des Apennins et
» du Mont-Blanc : Sicard, Fontanes, ont
» préféré d'errer de caves en caves, ou si
» vous voulez, de tombeaux en tombeaux,
» à l'ignominie de sceller de leur honteuse
» adhésion la loi qui les proscrivait : Bar-

» thélemi , plus intrépide encore , a brisé
» ses fers et invoqué les vrais droits de
» l'homme à Surinam et à Hambourg : tous
» ces faits sont avérés, et leur cause l'est en-
» core plus , c'est-à-dire, l'idée que les Dé-
» portés se dérobaient à l'oppression plutôt
» qu'à la peine , qu'ils trompaient la tyrannie
» plutôt qu'ils n'enfreignaient la loi.

» Mais d'après l'hypothèse admise , que la
» loi de proscription Fructidorienne est une
» institution digne de Solon ou des douze
» Tables, il s'ensuit, d'une manière évidente,
» que les Déportés ont rompu leur ban : aussi
» ont-ils été inscrits, ou ils ont dû l'être sur
» la liste des Émigrés ; et si , en vertu des
» anciennes lois immorales sur la dénoncia-
» tion , ils avaient été arrétés , tous auraient
» subi le sort de ce vertueux Rabaut Saint-
» Étienne, dont nous pleurons avec la France
» la mort tragique ; ils auraient été fusillés
» dans les vingt-quatre heures.

» Tels sont les délits de ceux de nos Col-
» lègues qu'on vous a ordonné de proscrire:
» tels du moins ils étaient encore il y a six
» mois : et je frémis, quand je pense qu'un
» si faible intervalle a pu dénaturer la morale,
» et faire, de l'audace du crime, l'héroïsme

» de la vertu. Enfin, le Gouvernement de
» Fructidor, qui, contre toutes les probabi-
» lités humaines, avait posé si long-tems sur
» nous, est anéanti par le Gouvernement de
» Brumaire : alors on rappelle les hommes
» dont le seul attentat apparent contre la
» Patrie, était d'avoir été vaincus par ceux
» qui voulaient, malgré elle, la gouverner :
» on les traite de Citoyens Français, on ne
» leur demande point un jugement de réha-
» bilitation, qui les aurait déshonorés, et l'on
» confie à l'un le Ministère important de la
» guerre, et à l'autre une place dans la pre-
» mière de nos Magistratures: eh quoi ! cette
» réparation solemnelle ne dit-elle rien à votre
» justice ? L'idée du représentant du Souve-
» rain, de ne se montrer qu'homme, quand
» une loi de sang, non abrogée, l'autorisait
» à être oppresseur, ne parle-t-elle en
» aucune manière à votre sensibilité ? l'État
» répare ses torts envers ses victimes, et vous
» aggravez les vôtres ! Il récompense les
» mêmes délits que vous punissez! Vous vou-
» lez donc interpréter mieux la Constitution
» Française que le Pouvoir qui la protège,
» avoir une politique plus pure que les Au-
» teurs de votre Régénération, être plus sages
» que

» que le Gouvernement réparateur de **Dion**
» de Syracuse ou de Timoléon !

   » Je me résume par un dilemme, que je
» crois d'autant plus hors d'atteinte, qu'il
» repose sur ce principe primordial, que l'é-
» galité des délits contre la Patrie, ou des
» services qu'on lui rend, doit entraîner l'é-
» galité des peines ou des récompenses. Voici
» ce dilemme : ou le dix-huit Fructidor est
» une journée avouée par la justice et la
» loyauté Françaises; alors tous les Déportés
» étant également criminels de lèze - Patrie,
» et le décret qui les dégradait du rang de
» Citoyens Français, n'ayant point été rap-
» porté, vous avez été tous infracteurs des
» lois, en réélisant Carnot ; ou le dix-huit
» Fructidor (pardonnez l'expression) fut une
» journée à la Robespierre, et alors les quatre
» Déportés Sicard , Fontanes, Pastoret et
» Barthelemy, se trouvant Citoyens Français
» au même degré que Carnot, doivent être,
» comme lui, rappelés dans notre sein ».

   J'avais été écouté avec le plus profond silence: et la cause de l'évidence est déjà à moitié gagnée, quand la raison des Juges, fût-
elle prévenue, consent à écouter l'orateur qui
la plaide. Il me restait à frapper un dernier

H

coup : il s'agissait de rencontrer un point de contact entre mes adversaires et moi, pour les engager à faire cause commune ; et ce point de contact, je crus l'entrevoir dans l'égalité de dangers qui résultent pour tous les Partis, d'une adhésion servile aux lois Révolutionnaires.

« Hommes éclairés , hommes justes , je
» vous ai montré la contradiction manifeste
» qu'il y aurait à applaudir au Gouvernement
» anti-Fructidorien de Brumaire, et à vous
» écarter de ses principes dans l'affaire des
» Déportés : conservez-bien ce Gouverne-
» ment tutélaire, qui vous a rendus au seul
» mode de liberté dont s'honore l'homme
» qui ne veut abuser de rien : car, si jamais
» vous veniez à le perdre, il vous en coûte-
» rait cher d'avoir connivé , par votre fai-
» blesse , à l'envahissement de la plus belle
» des propriétés littéraires : je vois avec effroi
» des hommes nouveaux , assis pour quelques
» heures sur le Trône Républicain, profiter
» de leur règne éphémère pour se rendre
» dans ce Sanctuaire des Arts, afin d'y dési-
» gner leurs victimes, pour y dresser à leur
» gré des listes de radiation , pour vous dé-
» porter ; vous décimer peut-être. Irez-vous,

» à chaque mouvement Révolutionnaire, tan-
» tôt vainqueurs, tantôt vaincus, réclamer
» l'un après l'autre votre inamovibilité, quand
» vous signez aujourd'hui votre arrêt, en re-
» fusant d'admettre les Bannis dans votre
» sein ? Irez-vous faire valoir votre dignité
» littéraire, pour résister à l'oppression,
» quand vous consacrez en ce moment une
» des plus coupables de toutes, celle qui
» dévoua, sans jugement préliminaire, des
» hommes purs à une mort prolongée, sous
» le ciel de Sinnamary, ou à la mort prompte,
» mais hideuse, de l'échafaud ?

» Je m'arrête, pour ne pas flétrir trop long-
» tems votre imagination par des tableaux
» déchirans. — Citoyens, vous connaissez
» mes démarches depuis trente mois ; vous
» savez que ce n'est ni par aucun intérêt in-
» dividuel, ni par un vain amour de la
» gloire, que je sollicite avec tant de persé-
» vérance la réintégration de nos Collègues
» Pastoret, Sicard, Fontanes et Barthélemy,
» dans des places inamovibles, dont ils sont
» évidemment les seuls titulaires : j'ai fait
» mon devoir ; vous avez sous vos yeux les
» pièces du procès : maintenant, jugez, et
» faites le vôtre. »

H 2

Le recueillement auguste que j'apperçus pendant quelques minutes dans l'assemblée, ne me parut point d'un augure sinistre : je vis que le coup était frappé, et que mes Collègues n'avaient répudié ni leur cœur, ni leur raison ; alors j'attendis avec calme le dénouement.

. . . .

. . . .

. . . . En ce moment, quelques gouttes d'une eau fangeuse parurent tomber sur les Déportés et sur-tout sur moi : l'Institut tout entier fit justice par un silence désapprobateur, et j'ai tout oublié.

Cependant, je me montrais toujours seul, quoiqu'avec la justice, l'honneur, et, j'ose le dire, l'arrière-pensée de la majorité de mes Collègues, et j'avais besoin d'un appui plus direct, pour que l'Institut fût autorisé à délibérer : ce fut le sensible et vertueux Colin-d'Harleville, qui détermina l'explosion : il envisagea sous un autre point de vue la cause des Déportés, fit parler son cœur et ses larmes, persuada, avec son éloquence d'abandon, ceux qui rougissaient encore de n'être que convaincus, et enfin, grâce à cette commotion magique, qui fit vibrer à-la-fois et à chaque point de la salle toutes les cordes de la sensibilité, je ne vis plus qu'un seul homme, et un homme juste et bon dans la masse entière de l'Institut.

Pressés d'aller aux voix, un grand nombre de membres demandent à d'Harleville ses conclusions : celui-ci, toujours noble dans sa rivalité, déclare que c'est à moi que la priorité est due : alors, je prends mon dernier Mémoire, et j'y lis l'arrêté tout entier, que je proposais à la discussion, appuyant sur-tout sur l'article V, conçu ainsi : *Les Citoyens Pastoret, Sicard, Fontanes (et Barthélemy) sont invités à se réunir à leurs Collègues :* j'ajoutai qu'il y aurait même quelque sagesse à fortifier une pareille formule, par ces mots, *et à s'associer à leurs travaux.*

Personne ne me parut ni appuyer, ni combattre ce résultat de mon discours et de mes deux Mémoires ; mais on invita d'Harleville à lire son projet d'arrêté, qu'il avait écrit en quelques lignes, et qui, fondé sans doute sur les mêmes bases, ne pouvait être que l'amendement du mien. Il m'est resté une persuasion intime que l'Institut, à cette époque, c'est-à-dire, avant l'ouverture de la discussion, ne songeait qu'à consacrer en prin-

H 3

cipe, que les Déportés, n'ayant jamais cessé d'être Membres de l'Institut, rentraient de droit dans son sein.

L'idée de sortir du défilé où l'on s'était engagé, en n'invoquant qu'un principe, sans l'appliquer aux Membres de la nomination Fructidorienne, était peut-être la seule qu'un Corps, aussi éclairé et aussi circonspect que l'Institut, pouvait admettre : ce principe isolé ne blessait ni les droits des uns, ni les amours-propres des autres, il ne mettait point l'équité naturelle en contradiction ouverte avec la loi, ou du moins il laissait à la logique du sage le tems de les concilier : à peine ce trait de lumière a-t-il frappé les esprits, qu'on demande de toutes parts à délibérer ; le Président se rend à des vœux que, dans le fond de son cœur, il sollicitait depuis long-tems, et aussitôt, par un mouvement spontané, et plus rapide que l'éclair, hommes timides, hommes énergiques, hommes indifférens, tout se réunit pour lever la main en faveur des Déportés ; à peine, dans la contre-épreuve, deux ou trois opposans se firent connaître : encore leurs mains, comme étonnées de leur isolement, se hâtèrent de retomber ; cette unanimité, au milieu de tant de rivalités se-

crettes, de passions à peine éteintes, d'opinions politiques, étonnées de délibérer ensemble, est un prodige inexplicable pour tout
homme qui n'a pas respiré dans l'élément de
l'honneur : l'électricité physique ne semble
pas plus forte, et sûrement est moins touchante que cette électricité de lumières.

Mais l'enchantement dura peu : quand on
se mit à réfléchir sur l'espèce de coup de ba-
guette qui avait amené tant de métamorphoses,
on craignit dans quelques grouppes d'avoir
été trop loin ; on se mit à discuter longue-
ment et froidement, quand il ne fallait que
laisser reposer sa pensée sur ce qui avait si
délicieusement ému ; et, peu-à-peu, sans que
les personnages dominans changeassent de
rôle, le théâtre sembla changer de face.

La discussion roula particulièrement sur le
partage à faire de la couronne académique
entre les titulaires et ceux qui les avaient
remplacés : on examina si le droit de délibérer serait commun ou exclusif: si on ferait
participer les deux Triumvirats au droit de
séance ou même à l'indemnité : le plus grand
embarras venait de savoir à qui appartiendrait
le privilège de voir son nom inscrit sur la liste
officielle ; car, tout le monde était d'accord

H 4

que le titre de celui qui avait l'usufruit pouvait, sous quelque point de vue, se balancer
avec le titre de celui qui avait la propriété :
tout le monde se réunissait aussi à dire que
l'institution, qui ne voulait que 144 Membres,
devait étre respectée : mais les uns, conciliant la loi avec les principes, expliquaient
comment les titulaires seuls, se trouvant sur
la liste, et cédant à leurs successeurs leur
indemnité, il se trouvait que, quoiqu'il y
eût 147 appelés, il n'y avait réellement que
144 élus : les autres, faisant céder les principes à la loi, calculaient rigoureusement,
d'après ces formes serviles qui tuent les plus
belles institutions humaines, que jamais 144
ne pouvait étre égal à 147, et c'est ainsi
qu'une des plus belles questions de morale
dégénéra peu à peu en probléme d'arithmétique.

Il faut rendre justice aux Chefs des Dissi-
dents : ils avaient l'ame pure ; hommes à-la-
fois et législateurs, leurs cœurs sensibles tres-
saillaient au seul nom des Déportés, tandis
que leur raison sévère repoussait toute idée
d'accommodement entre la logique et le fan-
tôme même de la loi ; l'un, connu par sa
probité romaine, toujours s'exprimant avec

sensibilité sur les proscriptions Fructidoriennes
et toujours respectant leurs résultats, accueil-
lant d'une main les Déportés qu'il repousse
de l'autre, après avoir fait, de ses anciens
Collègues, un éloge aussi senti que raisonné,
propose d'ajouter à l'arrété qui fixe leur sort
un *considérant* qui en détruit tout l'effet :
l'autre, Membre du Sénat, et en cette qualité, Conservateur des deux Constitutions
littéraire et républicaine, demande que dans
la lettre officielle qui sera écrite aux Membres réintégrés, on fasse mention de la loi
Fructidorienne, qui légitime les droits de
leurs successeurs : tous ces *considérants*,
toutes ces restrictions, quelque forme spé-
cieuse que l'éloquence leur eût donnée ,
quelqu'imposant que fût le nom de ceux qui
les faisaient valoir, anéantissaient évidemment le grand acte de justice qu'on venait
de rendre, et furent rejetés.

Cependant, la séance s'était prolongée bien
au-delà des limites ordinaires ; tranquilles,
les uns sur le principe, les autres sur les modifications, presque tous en sollicitaient la
clôture ; enfin, les combattans se séparèrent
de guerre lasse, et voici l'arrété qui intervint

et que je transcrivis sur le champ même de
bataille.

» L'Institut national arrête à l'unanimité,
» que les citoyens Pastoret, Sicard, Fon-
» tanes et Barthélemy, seront invités à assister
» à ses séances particulières, générales et
» publiques, et charge son Bureau de leur
» écrire pour leur transmettre son arrêté.

DE LA QUESTION DE FAIT.

*L'Institut a-t-il rappelé les Déportés dans
son sein, comme Titulaires, dans sa
séance du 5 floréal ?*

JE rends compte ici de l'impression qu'a
faite sur moi une séance mémorable, dont
j'avais un si puissant intérêt d'étudier les
détails et de connaître les résultats : au reste,
je préviens que je ne suis que l'interprète de
ma sensation et l'historien de ma pensée :
si, comme la voix secrète de ma conscience
m'autorise à le croire, l'Institut, en votant
à l'unanimité un grand acte de justice, a
rappelé réellement, en qualité de Titulaires,
les Déportés dans son sein ; ceux de mes
Collègues qui, d'après une persuasion con-

traire sans doute , ont induít le public en erreur sur ce résultat touchant de la raison et de la sensibilité , regretteront un jour de n'avoir été les Historiens de cette Séance que pour la flétrir : mais si c'est moi qui ai mal interprété le vœu général ; si tout entier à une illusion douce , je n'ai crayonné , comme Tacite , ce que firent les Germains , que pour apprendre à Rome ce qu'elle devait faire, alors , l'Institut lui-même ne saurait me faire un délit de mon erreur ; car elle ne tend qu'à relever sa gloire , et à ajouter au sentiment intime qu'il a de sa dignité.

Oui , je suis persuadé que l'Institut a reconnu une propriété sacrée dans la place inamovible de ses Membres , et que c'est d'après cette considération majeure , fondée sur les bases du Pacte Social , et antérieure à toutes les lois , qu'il a rappelé , sous le titre vague d'invitation , les Déportés dans son sein.

J'en suis persuadé , parce que n'ayant écrit mes deux Mémoires , n'ayant prononcé mon discours du 5 floréal, que pour amener ce résultat , il est bien évident que l'Institut n'a pu délibérer que sur l'objet qu'on présentait à sa discussion : et que l'article V de mon arrété ayant servi de base au sien , il a été libre de l'amender , mais non de le détruire.

J'en suis persuadé , d'après la sensation qu'a produite dans la séance dont je suis l'Historien , la vigueur avec laquelle je me suis prononcé contre le mouvement désastreux de Fructidor : cette vigueur , ainsi que je l'ai dit dans ma Réponse à mon Collègue Rœderer , quoiqu'elle répugnât à ma tolérance raisonnée pour les hommes et les opinions , m'était commandée par la nécessité de forcer l'Institut à adhérer à ce grand principe : que ne pouvant , d'après les élémens de la morale éternelle des peuples , être privés du droit de Citoyens , par la seule raison qu'une force perturbatrice nous en dépouille , il s'ensuivait nécessairement que les Déportés , toujours Citoyens malgré une liste de proscription , avaient continué à être Membres de l'Institut malgré une lettre de cachet.

J'en suis persuadé , parce que l'unanimité touchante de l'Institut , quand il a été aux voix , annonçait un tact supérieur de justice , un élan sublime de grandeur d'ame , incompatibles avec les froids calculs de politique , dont on se sert pour tuer son arrêté : j'en suis persuadé , parce que des hommes éclairés, mais d'opinions contradictoires , qui se réunissent pour présenter à la sanction nationale un grand acte de justice , ne s'accorde pas un moment après à le rendre illusoire ; j'en suis persuadé , parce que le Sénat de Rome, après avoir laissé exiler Camille ou le vainqueur de Catilina , une fois le maître d'être juste impunément , ne les recevait pas en triomphe , pour les inviter froidement à assister à ses séances.

Une autre considération ajoute un grand poids à ma conviction intime : c'est la lecture de la lettre suivante , du Président de l'Institut, aux citoyens Pastoret, Sicard, Fontanes et Barthélemy , en leur faisant passer l'arrêté du 5 floréal.

« Nous vous transmettons, Citoyens, l'ar-
» rêté par lequel l'Institut vous invite à as-
» sister à ses séances : l'estime et l'attache-
» ment que vous nous avez inspirés , vous
» sont de sûrs garans du plaisir que nous
» éprouvons à vous faire part d'une décision,
» qui honore sans doute l'Institut aux yeux
» des Gens de Lettres et des bons Citoyens.
Salut et fraternité.

Jussieu , *Président ;* — Delambre , et
G. Cuvier, *Secrétaires.*

Personne ne révoquera en doute la probité
et les lumières d'un pareil Bureau; personne
ne soupçonnera de la précipitation de sa part
à interpréter le véritable vœu de l'Institut,
quand on saura que chaque mot de la lettre
a été pesé au poids du sanctuaire, et qu'on
a été cinq quarts-d'heure à la rédiger : ainsi,
je suis autorisé à croire que les deux pièces
s'expliquent l'une par l'autre, et que dans la
Chancellerie Littéraire, un diplôme signé
Jussieu, Delambre et Cuvier, a quelque
poids, quand il est la version littérale d'un
arrêté de l'Institut.

Or, comment entrerait-il dans l'idée du
plus vulgaire des Dialecticiens, qu'une *décision qui honore sans doute l'Institut, aux
yeux des Gens de Lettres et des bons Citoyens*, ne fût qu'une froide invitation d'assister à des Séances où la jeunesse des Écoles
nationales, les Savans étrangers, et même
de simples curieux qui se font annoncer au
Président, ont la liberté de s'introduire? Une
pareille traduction ne change-t-elle pas les
élémens de la phrase originale et de la phrase
interprétative; n'en dégrade-t-elle pas le sens
primitif, quand la mienne l'ennoblit et la vivifie ?

Une *décision honore l'Institut*, quand, émanée de l'opinion publique, elle indique son origine aux hommes puissans, qui seraient tentés de la transgresser ; quand, au danger de l'émettre, se joint le courage de la soutenir ; quand le Corps qui la donne, planant de toute la hauteur des principes sur les erreurs et les crimes des Révolutions, ose devancer les siècles, et dire, sur le dogme sacré de la propriété, une vérité terrible que proclament encore, en tombant, les Gouvernemens prévaricateurs.

L'Institut s'honore aux yeux des Gens de Lettres, lorsqu'il conserve les lumières dans les mains de leurs vrais dépositaires, lorsqu'il ne laisse opprimer dans son sein ni ses Démosthène, ni ses Anacréon, lorsqu'il soutient de son influence pacifique sur le Pouvoir, les hommes qui ont le courage de parler la langue de la Liberté sous le règne du Despotisme, et la langue de l'Ordre au milieu de l'Anarchie.

L'Institut s'honore aux yeux des bons Citoyens, lorsque, sans armes, il subjugue des légions d'ennemis armés contre la morale ; que, loin de conniver à la tyrannie active, qui proscrit ou qui Déporte, il la mine lentement, aidé de sa force d'inertie ; et qu'avec le seul levier de l'opinion, il remue les Etats, pour sauver aux générations futures les épurations politiques ou littéraires qui s'opèrent avec des Tables de Sylla, ou des journées de Fructidor.

Je ne sais ; mais les grandes choses dont je viens d'esquisser le tableau, j'en trouve le germe dans la lettre du Président aux Déportés, toujours dans la supposition qu'elle est le commentaire de l'arrêté de l'Institut.

Peu satisfait des résultats de ma logique particulière, j'ai porté la lettre et l'arrêté à des hommes de poids, étrangers à l'Institut, mais non aux lois sociales, et ce qui vaut encore mieux, à la raison des lois : tous ont été uniformes dans leur décision ; tous ont dit : l'arrêté offre un sens arbitraire, mais la lettre le détermine ; elle met à-la-fois à couvert le droit des Déportés et l'honneur des hommes qui les jugent. Malheur à l'Institut, si dans la séance où il s'interprétera lui-même, il explique une lettre touchante par son froid arrêté, au lieu d'expliquer l'arrêté lui-même par la lettre qui le vivifie !

Voici donc en peu de mots, et d'après mes faibles

faibles lumières , l'esprit de la séance de l'Institut au 5 floréal.

On lui a demandé de se prononcer sur le droit des Déportés , et il a décidé en principe, dans un moment d'enthousiasme qui l'honorera à jamais , que les Déportés rentraient de droit dans son sein.

Les Dissidens , qui ne s'attendaient pas à cette magnanime explosion, ne pouvant conjurer contre le principe , ont tenté de le rendre inutile par le mode de son exécution : de-là l'arrêté insignifiant qui , suivant les uns , met à couvert les droits des Déportés , et suivant les autres, les anéantit : mais d'après le rejet des *considérant ,* des modifications atténuantes à mettre dans la lettre officielle du Bureau , il me paraît toujours démontré que la grande majorité de l'Institut, ne cessant point de conserver la conscience de ses forces et de sa dignité, a continué à regarder Pastoret , Sicard , Fontanes et Barthélemy comme titulaires d'une place reconnue inamovible : mais qu'obligée de se prononcer en même-tems sur le mode de cette réintégration dans des droits inaliénables , elle a renvoyé les questions délicates qui regardent l'inscription sur la liste

I

des 144, le partage de la faculté de délibérer, et l'indemnité, à la discussion des Classes et à la sagesse de ses délibérations dans les assemblées générales.

Quelque soit l'opinion qu'on adopte, d'après ces principes de ma logique et cet épanchement de mon cœur, je crois qu'il est de l'intérêt général des Lettres de ne point gâter cette grande et mémorable journée, où l'Institut, réparant un instant de faiblesse, est remonté au niveau de sa gloire : pour moi j'avoue que le mouvement électrique qui a réuni au même instant toutes les opinions divergentes au foyer de l'honneur, a singulièrement élevé mon ame ; je me suis alors souvenu avec orgueil que j'étais membre de l'Institut, et en présence de tant d'adversaires, qui écrasaient avec un instant de grandeur d'ame mes discours et mes Mémoires, j'ai senti plus que jamais mon infériorité.

DE LA QUESTION DE DROIT :

L'Institut a-t-il dû rappeler, comme titulaires, les Déportés dans son sein, à sa séance du 5 floréal.

Je vais d'abord faire un aveu contre moi-

même, et je dois cet épanchement, soit à
ma franchise, soit à la justice de l'Institut;
car dissimuler, même pour faire valoir la
meilleure des causes, me semble un délit :
et le machiavélisme dont s'honore l'impuis-
sance des petits despotes sera toujours la
honte des Corps Littéraires et le fléau des
grandes Républiques.

Plein de l'idée que l'Institut, le 5 floréal,
avait rempli l'attente des gens de lettres et
des gens de bien, je voulus, quelques jours
après cette séance mémorable, consulter un
grand nombre de mes Collègues sur le degré de leur enthousiasme ; quelle fut ma surprise quand les deux tiers d'entr'eux me dirent que j'avais trop demandé, et que l'Institut n'avait pas assez fait ; que le droit des
Déportés était incontestable, sans doute ; mais
qu'enchaîné par le réglement, on avait dû
l'éluder, et qu'on l'avait éludé en effet ! on
appuya avec une dialectique désolante sur
tous les termes de l'arrêté, séparé de la lettre
officielle qu'on ne connaissait pas encore,
et je commençai à entrevoir, dans l'amertume
de mon cœur, que je pouvais n'avoir rem-
porté qu'une demi-victoire.

Maintenant, je vais adopter pour un mo-

I 2

ment une hypothèse qui répugne à mon amour
raisonné pour l'Institut, et supposer que sa
majorité, après avoir proclamé solemnellement qu'elle était juste, s'est laissé entraîner
par les ennemis de sa gloire, à faire entendre
qu'elle n'était que faible : je me propose
d'examiner son arrêté dans le sens vulgaire
qu'il présente, dépouillé de la lettre du Président, qui le relève, et, si j'ose le dire, de
cette raison supérieure qui caractérise tout
ce qui émane d'un foyer de lumières.

Cet examen me conduit par la main à la
belle question de droit, que depuis quatre
mois, aucun Corps, ni politique ni littéraire
ne veut discuter, comme si, remonter aux
principes était un attentat contre l'ordre social ! comme si, approcher de cette raison
primordiale, qui concentre en elle toutes les
lumières, c'était escalader ce Mont Sinaï,
d'où la loi n'arrivait aux Hébreux qu'avec le
fracas du tonnerre !

« L'Institut, dit l'arrêté, invite les citoyens
» Pastoret, Sicard, Fontanes et Barthélemy,
» à assister à ses séances, tant particulières
» que générales et publiques.

Pourquoi d'abord, au lieu de cette vague
dénomination de *Citoyens,* l'Institut n'appelle-

t-il pas les Déportés ses *Collègues ?* Ce mot
tranchait la difficulté ; il devenait pour ces
nobles infortunés un nouveau gage de la bienveillance d'un Corps dont ils n'avaient jamais
démérité : on m'a répondu que c'était précisément parce que le mot de *Collègues* disait
tout , que les Dissidens l'ont fait éluder :
mais la réticence des Dissidens sur le droit
des Déportés, ne fait que le mettre dans un
nouveau jour : car , du moment qu'ils leur
donnent le nom de *Citoyens ,* ils avouent que
ces victimes de Fructidor , qui ne se sont jamais fait réhabiliter , n'ont point cessé de
l'être ; ils ne peuvent laisser introduire le mot
de *Citoyens ,* dans un acte aussi solemnel,
sans faire le procès à la Révolution qui les
proscrivit , et les proclamer de leur propre
bouche, Membres titulaires de l'Institut.

L'Institut *invite* les Déportés à ses séances.
— C'est pour la première fois, depuis sa fon-
dation, que l'Institut y *invite* collectivement
des individus : car il existe une loi, du 9 floréal
an IV, qui rapportant celle du 15 germinal,
par laquelle nos Assemblées étaient assimilées
à des espèces de Clubs populaires, nous in-
terdit toute publicité pour nos séances de
Classes : or, je demande aux amis sévères

I 3

des formes, si nous avons le droit d'*inviter*, sur-tout par un arrêté solemnel, à être présens à nos délibérations, des hommes qui n'y auraient pas un titre légitime : et comme d'ailleurs, des Titulaires reconnus devraient s'y rendre sans *invitation*, il se trouve que ce mot d'*inviter*, qui a paru un trait de génie aux Dissidens, est à-la-fois une offense aux Déportés et une injure à la loi.

L'Institut invite les quatre Déportés à *assister* à toutes ses séances. — *Assister !* Mais sous quel titre ? car les Dissidens ne veulent pas que, jusqu'à une réélection qui les déshonore, ils soient inscrits sur la liste officielle ; ils ne veulent pas qu'ils délibèrent, qu'ils aient un droit de séance, qu'ils partagent notre indemnité. Eh quoi ! les hommes qui ont vu naître l'Institut, ne pourront s'associer à ses travaux, éclairer ses délibérations, s'intéresser à sa renommée ! Ils siégeront à côté de ceux qui les ont remplacés vivans, sans pouvoir recueillir des palmes rivales ! Ils auront été les martyrs des principes, et les conservateurs-nés des principes ne les recueilleront dans leur sein, après le plus honorable des naufrages, que pour jouir avec orgueil de leur néant ! Ils assisteront à nos

luttes politiques et littéraires , montrant les
cicatrices des blessures qu'ils ont reçues pour
la défense de la République et des lumières,
et ils n'y seront que comme ces froides statues
des Catinat et des Fénélon , rangées avec
symmétrie dans la salle de nos séances , qui
ne rappellent que des souvenirs, et ne vivent
pour nous que par l'idée de leur gloire ! Ils
ont travaillé pour égaler le beau siècle de
Périclès , et pleins encore des principes de
la vie , ils ressembleront à ces ombres de la
Mythologie grecque , qui viennent errer en
gémissant autour de leurs Sarcophages !....
O mes Collègues, vous mes émules et mes
maîtres , qui n'avez pas répudié votre ame,
lisez ces lignes, descendez en vous-mêmes,
et jugez-vous.

Mais je suppose que l'Institut , enchaîné
par une force majeure, ne puisse indemniser
autrement les victimes de sa propre faiblesse,
qu'en les invitant à décorer de leur stérile
présence la salle de ses assemblées ; croit-
on que ces hommes, qui à force de mériter
la gloire, ont tant appris à apprécier ses jouissances, se contentent du faible lot que les
compagnons de leurs travaux leur accordent
dans leurs vastes domaines d'immortalité ?

(138)

J'ignore à quel parti ils s'arréteront, et dans la position délicate où je me trouve, je dois l'ignorer jusqu'à ce qu'ils le communiquent : mais si, à l'époque où ce Mémoire parviendra à l'Institut, ils ne se sont pas rendus à l'invitation du Président, il est probable qu'ils auront jugé, non l'arrété par la lettre, mais la lettre par l'arrété : alors leur juste fierté se sera réveillée, et ils auront préféré de se tenir à une distance respectueuse de leur seconde patrie, de leur patrie littéraire, à l'affront de sceller, en y rentrant par une porte qui leur répugne, leur adhésion à la désastreuse journée de Fructidor.

Voilà à quoi aboutissent toutes ces spéculations pusillanimes, que des hommes accoutumés à mentir sans cesse à leur raison, appellent des systèmes de sagesse ; on est à chaque instant obligé de revenir sur ses pas, de voiler avec adresse les ruines que soi-même on a amoncelées : on transige avec le Pouvoir sans l'éclairer, et on cherche l'opinion publique sans l'atteindre : enfin on est juste, car il faut bien finir par l'être, quand on tient en main le sceptre de la morale ; mais alors personne n'en sait gré ; on a mécontenté à-la-fois les hommes et l'opinion publique : le

bien qu'on a opéré, on a paru le faire malgré
soi, et le Sage lui-même est tenté de mettre
au même niveau l'homme timide qui rend
une justice tardive, et l'oppresseur qui la
refuse.

Mes Collègues, croyez-moi : il n'y a pas
deux routes pour arriver au bonheur général, soit qu'on éclaire le monde, soit qu'on
le gouverne : il faut dire franchement, voilà
le bien ; et quand ce mot e t prononcé, il
faut se mettre hardiment à le faire.

Les lois sont le Palladium, sans doute, de
toutes les sociétés. Mais les principes sont
au-dessus des lois ; et quand celles - ci les
violent, je ne vois pas ce qui les distingue
des conspirations de la force contre la paix
du genre-humain.

C'est sur-tout dans ces marches rétrogrades
de la raison vers la barbarie, qu'on appelle
des âges Révolutionnaires, que les bienfaiteurs
des hommes ne doivent marcher qu'avec le
fil des principes dans le Dédale des Lois :
car, il est bien évident que, quand on fait
des Codes nouveaux à chaque détrônement
de Factions, ce n'est pas l'intelligence sublime des Numa et des Solon qui les a diri-
gés : il est bien évident que, quand le besoin

de maintenir un ordre de choses où l'on domine, a fait faire quarante mille lois de circonstances, il faut qu'une Assemblée de Juges-Philosophes mette ces quarante mille lois dans le creuset de la morale, pour en tirer, s'il est possible, quelques grains d'or sans alliage.

Pour ne pas m'écarter de la cause majeure des victimes de Fructidor, voici à mon gré, la marche franche et loyale que devaient suivre dans l'origine les régulateurs de l'opinion publique, afin de se montrer justes, en évitant de se briser sans fruit contre le colosse de la force, afin de concilier leur attitude gênée, mais imposante, devant le Despotisme, avec la chaîne raisonnée de leurs devoirs.

Lorsqu'après le triomphe du Directoire Fructidorien sur le Corps législatif, une lettre ministérielle enjoignit à l'Institut, de coopérer par une proscription littéraire à la proscription politique exécutée par le Gouvernement, ce Corps célèbre trouvait la série de ses devoirs dans une simple considération sur la hiérarchie des lois, qui depuis dix ans vivifient ou désorganisent la République.

Il existe d'abord pour tous les hommes une loi contemporaine du berceau du monde, qui veut qu'une propriété inaliénable soit respectée, jusqu'à ce que l'individu qui en jouit la perde par la mort, ou par son expulsion légale du corps social.

Il existe ensuite, pour l'Institut seul, une loi de circonstances, qui l'autorise à ne pas délibérer sur les élections qu'on lui propose, quand la délibération gêne ses suffrages, ou qu'elle compromet sa dignité.

Enfin il existe, pour les partisans de Fructidor, une loi conspiratrice, qui veut qu'aucune propriété soit sacrée, qu'aucun droit soit légitime ; qui Déporte sans juger , et punit sans entendre.

Or , l'Institut, placé entre ces trois lois , pouvait se prononcer, sans démériter des lumières, et sans se briser contre l'écueil du Gouvernement.

Ou il se sentait assez fort pour être courageux sans danger, et alors il disait : J'obéis à la loi primordiale qui fait les Souverains , à la loi de la propriété , et je conserve dans leurs places inamovibles Carnot, Pastoret, Sicard, Fontanes et Barthélemy.

Ou bien il prévoyait qu'un Pouvoir, qui se faisait un jeu de briser le Corps législatif, de qui il tenait son titre et ses droits , ne balancerait pas à le dissoudre ; et alors ne pouvant alléguer la loi primitive, sans heurter le Directoire, ni la loi conspiratrice, sans se flétrir aux yeux de l'opinion, il se tirait du piége par la loi de circonstances, et ne délibérait pas.

L'Institut, comprimé à l'avénement du second règne de la terreur, ne choisit aucun de ces deux partis : il raya de sa liste les Déportés, et leur donna des successeurs ; ce qui devait rendre sa position infiniment embarrassante, lorsqu'un jour une force sans but et presque sans moyens, cédant à une force mieux organisée, les enfans légitimes viendraient, leur titre d'inamovibilité à la main, réclamer leur héritage.

Ce moment est venu lors de la belle révolution du 18 Brumaire; alors les lois conspiratrices tombèrent en désuétude, les lois de circonstances n'eurent d'autre valeur que celle que leur donnait l'intérêt des hommes qui en réclamaient l'appui, et les Corps, comme les individus, purent invoquer sans danger les lois primordiales, pour relever la morale abattue, et rattacher par la propriété les Gouvernemens aux Peuples, et les Peuples aux Gouvernemens.

La première séance générale de l'Institut, après notre régénération, était celle du 5 frimaire : combien il eût été beau, ce jour-là, d'examiner la question de droit sur notre inamovibilité, de jeter d'avance des vues tutélaires sur notre radiation immorale, afin de nous faire pardonner un jour le délit de notre faiblesse par la générosité de ceux qui cesseraient d'en être les victimes.

Le torrent Révolutionnaire a continué à couler, quand le Gouvernement en avait tari la source ; alors, pour ne point fermer à jamais aux Déportés l'entrée de l'Institut, il a bien fallu que je ne remontasse pas tout d'un coup aux élémens de l'ordre social : effrayés à une pareille hauteur, mes Collègues qui auraient eu des devoirs contradictoires à remplir, se seraient abstenus de juger.

Ils ont jugé cependant, et il n'a pas tenu à moi que leur jugement, en consacrant le principe, ne conciliât les droits primitifs des Déportés avec les droits secondaires de leurs successeurs : j'ai plié ma logique à toutes les sinuosités des formes, pour éteindre toutes les haines, pour accorder tous les amours-propres, pour prévenir à mes Collègues de l'élection Fructidorienne jusqu'aux désagrémens de la générosité.

Convaincu que ces derniers, nommés d'après les formes légales, et dignes de nous par leurs talens, restaient membres de l'Institut, quoique ceux qu'ils ont remplacés en fussent les véritables titulaires, j'ai tenté de faire admettre entre des rivaux qui s'estiment, un partage de droits, qui sauvait l'irrégularité apparente de deux candidats occupant la même place.

On m'a opposé le droit de délibérer qui ne pouvait être commun, parce que d'après la loi sur le nombre mystérieux de 144, il se trouverait que dans les élections il y aurait 147 suffrages. Ma réponse a été simple et uniquement fondée sur les faits; l'Institut, depuis son origine, n'a jamais compté 120 membres délibérans dans son sein : et dans le cas où les Ministres, les Ambassadeurs, les Chefs du Gouvernement, quitteraient tous leur poste de concert pour s'associer à nos travaux, mon mode de résoudre le problème conserverait ses élémens : car alors il suffirait que les trois successeurs des titulaires existans s'abstinssent de délibérer ; et dans ce cas vraiment métaphysique, avec 147 votans, il n'y aurait réellement que 144 suffrages.

Le second attribut dont se compose le titre de Membre de l'Institut, est le partage du droit de séance et de l'indemnité. A cet égard, nul debat n'est à craindre : les Titulaires ne demandent rien ; et fussent-ils aussi pauvres qu'Homère et le Corrège, ils ne croiraient faire encore aucun sacrifice. Élevés dans les champs de la gloire, les palmes qu'ils y recueillent deviennent pour eux la plus brillante des indemnités.

Il reste la fameuse inscription sur la liste officielle des 144, d'après laquelle mon Collègue Rœderer, commentant toujours ma pensée d'après la sienne, prétend que, contre la loi, j'admets 147 membres dans l'Institut ; mais cette hérésie en arithmétique, n'a jamais échappé à ma plume : voici textuellement ce que j'ai dit :

« L'Institut, délibérant sous le couteau
» Révolutionnaire, à la suite du mouvement
» de Fructidor, s'est adjoint trois Membres
» de plus, ce qui, jusqu'à la vacance de
» trois places, nous met au nombre de 147 :
» je demande qu'il n'en soit inscrit que 144
» sur notre liste officielle ; mais comme les
» principes sont supérieurs à toutes les lois,
» je propose, pour les concilier ensemble

» dans une circonstance unique , et qui a
» dû échapper à la prévoyance du Législateur;
» que l'Institut mette sur cette liste les noms
» des vrais Titulaires , Sicard , Fontanes et
» Pastoret , à la place des Membres de la
» nomination Fructidorienne , arrangement
» qui , en laissant à ces derniers la délibéra-
» tion en commun , et l'indemnité exclusive,
» les maintient au rang de Membres de l'Ins-
» titut ».

Ce tempérament , et beaucoup d'autres
meilleurs encore , qui n'échapperaient pas à la
sagacité de mes Collègues , s'ils daignaient s'en
occuper , aurait suffi pour faire coïncider au
même point les intérêts divisés des deux triumvirats , et tirer ainsi l'harmonie du sein des discordes publiques : l'harmonie , cette chimère
vertueuse du Sage , que l'entendement dé-
couvre dans la marche des sphères célestes ,
et que l'ame regrette de ne voir qu'en songe
dans celle des Corps Littéraires et des Gouvernemens.

Mais le Génie de la discorde semble planer
sur nos têtes : l'opinion publique, victorieuse
de l'Institut, lui a proposé , sur la brèche
même qu'elle a faite , de capituler , et il s'y
est refusé ; il faut donc que l'épée , ce
grand

grand régulateur de toutes les forces sociales ; décide en dernier ressort de la destinée des Déportés : il faut prononcer le grand mot, qui expire depuis si long-tems dans leurs bouches magnanimes ; il faut, si l'Institut, persistant à donner un sens rétréci à son arrêté, gâte son explosion sublime du cinq floréal, que ces nobles Chevaliers des principes disent enfin : le bien qu'on nous ravit nous appartient, et puisqu'on décide que nous ne pouvons le reprendre en paix, en vertu du droit sacré de la propriété, tentons d'y rentrer l'épée à la main, en vertu du droit de conquête.

On a vu, par la chaîne d'idées fondamentales jetées dans ce Mémoire, que le poignard Fructidorien avait pu lacérer les pages de notre liste officielle, mais non en effacer les noms des Déportés : le Rubicon est passé, et il faut ajouter : les Déportés ont encore plus de droit de conserver leurs places, que leurs faibles vainqueurs de les en bannir, et ils restent, malgré la volonté générale, Membres de l'Institut.

S'il y a quelque chose de démontré dans la géométrie de la raison, c'est que tout ce que fait l'homme civilisé sous l'empire de la

K.

force, n'a aucun caractère légal ; alors l'esprit humain est mineur, et tous les actes qui
lui échappent sont frappés de nullité.

Or, la stupeur de la France entière, à
l'époque de la Révolution Fructidorienne ,
annonce bien que l'Institut délibérait dans
l'antre de Polyphême, lorsqu'il prononça la
radiation des Déportés : cette radiation est
donc essentiellement nulle : si elle avait pu
avoir quelque valeur, c'est dans l'hypothèse
que, redevenus libres, nous l'aurions con-
firmée de notre suffrage ; et assurément, il
n'est jamais entré dans l'esprit d'aucun de
nous, de ratifier un acte illégal dont nous
n'avions qu'à rougir ; de renouveler, devenus
majeurs, sur le front de nos frères, un sceau
de réprobation, que nous avions eu la faiblesse
de graver une première fois, pendant notre
minorité.

Dépouiller les Déportés à la suite de l'in-
vasion Fructidorienne, d'une place à vie,
était d'autant plus absurde pour nous, que la
loi qui nous donne le droit d'élire, ne nous
donne pas celui de rayer : ainsi, en pronon-
çant contre les Déportés, nous avons violé
l'esprit même de notre institution : nous
n'avons rendu notre faiblesse agréable au

Pouvoir, qu'en la rendant criminelle, **nous** n'avons épuré l'Institut qu'en transgressant nous-mêmes les lois primordiales de l'Institut.

Les Déportés qui étaient inamovibles à l'époque de notre loi constitutionnelle, sont donc restés inamovibles après l'épuration révolutionnaire de Fructidor ; ils continuent donc, malgré des formes tortueuses de barreau, malgré des calculs arithmétiques sur le nombre Pythagoricien de 144, malgré des arrêtés insignifians arrachés à une vertueuse faiblesse, ils continuent, dis-je, à être Membres de l'Institut.

On peut incidenter, sans doute, sur le mode de partager entre les Déportés et leurs successeurs, les attributs qui nous constituent ; mais le droit primitif n'appartient qu'aux premiers : leur nomination légale, lorsque nous fumes fondés, est une espèce de chartre constitutionnelle, qu'on ne peut infirmer sans porter atteinte à notre propre existence : ils sont nos Collègues aujourd'hui, ou ils ne l'ont jamais été : ils restent Membres de l'Institut, ou il n'y a point d'Institut.

La liste officielle des 144, doit porter essentiellement et exclusivement les noms des Déportés ; car, cette liste forme la base de

K 2

leur titre, et il ne leur est pas permis d'y renoncer : ici le droit repose sur une tête, et le partager, c'est l'anéantir.

Les Déportés doivent délibérer, car s'ils ne délibéraient pas, ils ne seraient rien ; mais peu importe à leur droit qu'ils délibèrent avec un nombre plus ou moins grand de Collègues : ainsi, ce privilège peut être partagé avec leurs successeurs ; je n'en excepte que le cas moralement impossible, où tout ce qui compose la masse de l'Institut serait réuni individuellement pour des élections ; alors, ainsi que je l'ai déjà fait pressentir, la raison veut que les Déportés votent seuls, pour ne point donner atteinte à la loi qui n'admet au scrutin que 144 suffrages.

Les Déportés ont droit à l'indemnité ; mais ils peuvent en faire l'abandon volontaire, sans jeter le plus léger nuage sur leur titre primordial.

Le point le plus important, dans ce beau problème politique, est de statuer sur qui, à la vacance des places, tombera le malheur de la réélection.

Ici la justice ne doit point plier devant des considérations individuelles, et il faut dire hautement que, s'il y a un choix à faire

entre Pastoret , Sicard et Fontanes , et les
Hommes de Lettres qui , dans des tems malheureux , les ont remplacés , ce sont ces
derniers qui doivent être condamnés à la
réélection.

Observons bien la différence essentielle qui
existe entre le droit des Titulaires et celui
de leurs successeurs : le premier , pur comme
la lumière , antérieur à l'autre , s'est accru
par l'oppression même qui a tenté de l'anéantir : le second , né dans des tems postérieurs,
ne semble à la tranquille philosophie que
l'ouvrage de la violence , sanctionné par la
faiblesse. On n'a rien à reprocher au titre
des Déportés ; car les Électeurs étaient libres ,
et les Candidats étaient grands : il n'en est
pas tout à-fait de même dans la nomination
Fructidorienne ; les Candidats furent élus
d'après des formes légales , mais on ne devait pas les élire ; ils avaient une renommée,
sans doute ; mais les Électeurs , en votant
pour eux , descendaient au-dessous de leur
gloire. Sous tous ces points de vue , il est
un intervalle immense entre les deux Triumvirats ; intervalle que le dernier ne peut remplir aux yeux de la France qui le regarde ,
qu'à force de déférence et de générosité.

Tel est donc le grand problême que mes Collègues ont à résoudre dans la séance générale du 5 prairial : l'oppression subie par les Déportés à la suite du mouvement politique de Fructidor , anéantit-elle leur titre primordial de Membres de l'Institut ? Ce point une fois établi, tous les autres ne semblent plus que les corollaires d'un axiôme mathématique ; je les crois d'une évidence telle , que juges ou accusés, amis ou rivaux, Hommes de Lettres ou Hommes des Révolutions , la solution , de quelque main quelle parte, doit être la même : tel est l'avantage de bien attacher une chaîne de raisonnemens à une vérité reconnue , que tout homme d'un entendement sain , qui peut atteindre à l'extrémité supérieure , descend sans effort jusqu'au dernier anneau.

Dans l'origine de nos débats sur la belle cause des Déportés, j'ai entendu des hommes de bien timides, qui desiraient qu'on fît intervenir un Gouvernement régénérateur, pour réparer le mal qui nous avait été fait par un Gouvernement Révolutionnaire ; assurément ce mode pouvait convenir à une vertu qui ne se montre que quand elle cesse d'avoir peur , mais ne convenait qu'à elle : ce qui

justifie le mot si connu du vainqueur de Darius
à un de ses généraux : *Parménion agirait
ainsi, s'il était Alexandre; — et Alexandre
aussi, s'il était Parménion.*

Il y a en général un inconvénient grave à
invoquer, pour les dissentions littéraires,
l'intervention du Gouvernement : d'abord,
parce que le Pouvoir s'amuse rarement à
délier avec la raison un nœud gordien, quand
il lui est si aisé de le trancher avec son épée;
ensuite, parce que les Gens de Lettres, par
leur nature, contemporains des Caton et des
Aristide, du moment qu'ils ont besoin de
l'homme qui les protège, sont obligés de
laisser à la porte de son palais leur ame et
leur indépendance.

Le danger est encore plus grand, dans ces
États qui se disent libres, par l'unique raison
qu'à chaque secousse de tremblement de
terre, ils peuvent se créer de nouveaux Souverains; car, plus on change de maîtres,
plus on est contraint de multiplier ses modes
de servitude : le Philosophe, qui consulte
aujourd'hui Dion, est forcé demain de consulter Denis le tyran, et dans quelques
jours, il sera traîné aux Carrières de Syracuse.

Un Corps Littéraire, tel que l'Institut, doit,

d'ailleurs, par le seul sentiment de sa dignité, ne faire intervenir que sa propre sagesse dans une cause qu'il peut juger avec les lumières : et si par hasard, le jugement qu'il lui convient de prononcer comme interprète de l'opinion publique, se trouve entravé par des institutions contradictoires, il doit le dire avec une franchise austère, pour ne point conniver à l'impéritie des Législateurs du jour, ou à leur perversité.

Tout m'invite à croire que l'Institut doit avoir l'initiative pour les réglemens qui le concernent, les causes que l'opinion publique soumet à ses lumières, et les jugemens en connaissances humaines, en morale et en courage, que le maintien de l'ordre social lui enjoint de prononcer : et ce n'est que dans le cas où une loi contrarierait ses sages résultats, que se gardant de franchir la barrière, il doit dénoncer la loi au Gouvernement.

Ces principes une fois reconnus, la cause des Déportés se débarrasse des nuages dont on l'environne, et j'y vois renaitre la lumière.

La cause des Déportés est toute d'opinion publique ; car il ne s'agit ici que de propriété littéraire, de justice littéraire, de morale littéraire ; et ce n'est que par reflet que le

jour qu'on y introduit atteindra les autres
classes de l'ordre social : ainsi, l'Institut doit
discuter seul et prononcer seul : plus il y
mettra de cette franchise, que la loyauté
Française avoue, de cet esprit de lumière
qui répond à la critique avant qu'elle interroge, de ce courage qui éclaire sans flétrir,
plus, en maintenant son droit d'initiative, il
s'honorera aux yeux du Gouvernement.

Il faut, si l'Institut veut se montrer pur
aux yeux de l'Europe et des siècles, qu'il se
prononce incessamment sur la question de
droit, que sa prudence pusillanime élude depuis quatre mois ; il faut qu'il dise : les places
inamovibles des Déportés n'étaient pas vacantes en Fructidor, et j'ai mal jugé.

Tout le reste, c'est-à-dire, la conservation
des trois Membres de la nomination Fructidorienne, jusqu'à la vacance des places,
leur partage des privilèges qui peuvent se
diviser, la conciliation du nombre de 144,
exigé par la loi, avec celui de 147, exigé
impérieusement par les circonstances, tout
cela, dis-je, ne constitue que des questions
incidentes, que l'Institut doit abandonner à
sa justice intérieure, et livrer ensuite à la
sanction du Gouvernement.

C'est ici que la filiation naturelle de mes

idées devait me conduire à examiner quelques problèmes politiques , qui tiennent à - la - fois à l'organisation sociale et à celle de l'Institut : Y a-t-il dans les États libres des élémens naturels d'insurrection contre les abus du Pouvoir ? L'insurrection n'est-elle pas par essence dans un Corps désarmé qui interprète l'opinion publique ? N'est-il pas de l'intérêt des hommes qui gouvernent , qu'une association littéraire qu'ils ont sous leur main , et qui se trouve sans cesse entre le Pouvoir légitime qu'il défend , et les lumières qu'il propage , soit le dépositaire de ce droit d'insurrection.

Mais cette nouvelle carrière que j'ouvre , est immense : elle demande des idées préliminaires sur le meilleur mode d'organiser les États libres et les Sociétés Littéraires ; sur l'état politique de l'Institut , et sur la morale des lois ; sur-tout, sur la possibilité d'amener une Révolution pacifique qui détruirait dans son germe le fléau toujours renaissant des autres Révolutions : un Ouvrage de ce genre ne serait point à sa place , à la suite d'un Mémoire sur les Déportés ; il faut le traiter en grand , ou n'en point charger sa plume ; il faut donner l'essor à toutes les vérités qu'il amène , ou les laisser dormir prudemment dans la main de Fontenelle.

RÉSULTATS.

Je me présenterai pour la dernière fois dans l'arène le 5 prairial, et je demanderai à l'Institut assemblé, de déclarer franchement, et sans aucune réserve politique, à la face de l'Europe qui le contemple, de l'opinion qui l'interroge, et de la morale outragée qui réclame son appui, si les places qu'il a données à la suite des événemens de Fructidor étaient vacantes : la réponse à ce mot simple dira tout, et la cause des Déportés sera jugée en dernier ressort.

Si, comme mon estime profonde pour l'Institut m'en donne l'heureuse espérance, l'inamovibilité des places est reconnue, l'arrêté problématique du 5 floréal s'explique de lui-même, et il est bien évident que les Déportés rentrent de droit dans notre sein.

Le martyr des principes, Barthélemi, n'étant que Membre Associé, c'est-à-dire, ne délibérant pas, et n'ayant ni droit de séance, ni indemnité, siége sans difficulté à côté de son successeur, se réservant à lui seul le privilége de voir son nom inscrit sur la liste officielle.

Les Membres résidens, Pastoret, Sicard

et Fontanes, reprennent tous les priviléges attachés essentiellement à leur titre , et partagent les autres avec les Membres de la nomination Fructidorienne qui les ont remplacés.

Les successeurs des Membres Titulaires , sont les seuls qui seront sujets à la réélection.

Il serait beau , pour laisser un monument de la réparation que nous devons aux Déportés , et qui expiât le délit involontaire de notre faiblesse ; il serait beau , dis-je , que l'Institut prît dans sa caisse extraordinaire une somme destinée à leur payer leur droit de séance pendant les trente mois qui se sont écoulés depuis le dix-huit Fructidor de l'an V , jusqu'au 5 prairial , où nous allons entrer. Je ne sais ; mais cette idée de regarder ces nobles Infortunés comme présens à nos délibérations , comme s'associant à nos travaux , tandis que le glaive de l'intolérance étincelait sur leurs têtes , me paraît grande , très-morale , et par cela même , digne du Corps qui sait le mieux accueillir tout ce qui porte l'empreinte de la grandeur d'ame et de la dignité.

F I N.

SUPPLÉMENT

AUX TROIS MÉMOIRES

*Sur la radiation illégale des Déportés,
de la liste de l'Institut.*

———————

L'INSTITUT, dans sa réunion du 5 floréal, avait fait un pas vers l'opinion publique, en invitant les Déportés à assister à ses séances : on s'attendait, que le 5 prairial, couronnant son ouvrage, les honorables victimes de Fructidor rentreraient en triomphe, et avec tous les droits imprescriptibles qu'ils tenaient de leur gloire et de la raison, dans la plus belle de leurs propriétés : telle était du moins l'opinion des amis des Arts, de la Morale et de la Vertu, de ces hommes qui, depuis dix ans, ont retenu vingt fois la Patrie chancelante sur les bords de l'abîme, et qu'on voit encore former une confédération imposante, malgré les Tables sanglantes, soit de l'Anarchie Révolutionnaire ; soit du Gouvernement Fructidorien qui les frappèrent long-tems en masse, et le fléau toujours croissant de l'Athéisme, qui aujourd'hui les moissonne en détail.

L

Par quelle fatalité faut-il que pendant le long période de nos désastres et de nos crimes, les perturbateurs n'aient jamais formé de vœux qu'ils n'aient aussi tôt été remplis, tandis qu'aujourd'hui, sous un Gouvernement Régénérateur, les vrais Français, quand ils espèrent au retour de l'ordre, ne font, comme l'Abbé de Saint-Pierre, que des rêves d'hommes de bien !

J'ai à m'arrêter sur un récit infiniment pénible, sur un récit, dont chaque ligne qui le compose ne peut s'échapper de ma plume sans faire à mon cœur une nouvelle blessure; mais il m'est commandé impérieusement par la nécessité de ne point laisser imparfaits mes Mémoires, que le sujet, bien plus que le talent, sans doute, a fait accueillir, et surtout pour ne point affaiblir, par un lâche silence, la cause sublime des Déportés, que d'ailleurs aucune Métaphysique ne peut atteindre, qu'aucun jugement humain ne peut invalider, et qui toujours pure, malgré les regards qui la souillent, ira un jour dans les fastes de l'Histoire, se réunir aux causes perdues des Phocion, des Lavoisier et des Malesherbes.

Mais, fidèle à mes principes, on me verra

conserver ma modération pour les personnes
et mon courage pour les choses : si le Corps
auguste qui m'a adopté blessa, dans quelques
formes, la décence qui le caractérise, sem-
blable aux Fils de Noë, je tenterai de jeter
un voile sur la nudité de mon Père ; en un
mot je critiquerai mes ennemis sans justifier leur inimitié, et je dirai qu'on a égaré
la religion de l'Institut, sans le forcer lui-
même à rougir.

L'orage commença pour moi à l'origine
de la séance ; j'avais osé, quinze jours aupa-
ravant, jeter le gant de Tancrède, et plus
d'un Chevalier ennemi l'avait ramassé : à
peine venait-on de faire la lecture de la
correspondance, que je demandai à parler
sur la lettre des Déportés, qui en avait fait
la cloture : les dissidens, d'après leur bon
plaisir, tentèrent de me ravir la parole ; il
fallut que le respectable Desessarts, d'après
la raison suprême, en fît pour moi la conquête : alors je parlai ainsi :

« Vous le voyez, mes Collègues, ni vos
» vœux ni ceux des Déportés ne sont rem-
» plis : la lettre qu'on vient de vous lire est
» à-la-fois un monument du talent des
» Hommes qui l'ont signée et celui de leur

» reconnaissance ; mais ce n'est point une
» adhésion à votre arrêté du 5 floréal : elle
» l'est d'autant moins, qu'aucun d'eux, de-
» puis un mois, n'a paru à vos séances : sans
» doute que la juste fierté de ces Hommes de
» Lettres, essentiellement vos Collègues, et
» dont le titre est contemporain de votre
» berceau, a été blessée de ce que votre in-
» vitation était moins le résultat de votre jus-
» tice, que celui de votre sensibilité. Voilà
» l'effet inévitable de ces demi-mesures, qui ne
» satisfont ni les principes, ni les personnes;
» qui éludent les difficultés au lieu de les
» résoudre ; qui, après vingt plans de con-
» ciliation souvent contradictoires, ramènent
» toujours péniblement au point d'où l'on
» est parti. Mais si l'on vous délivrait, par
» le moyen le plus simple, de toutes ces
» oscillations : si ce moyen tendait à récon-
» cilier votre prudence avec la morale, à
» satisfaire à-la-fois les Déportés, et ceux qui
» ont eu la faiblesse de leur succéder de leur
» vivant, à vous mettre en mesure avec l'o-
» pinion publique, sans que vous cessassiez
» de l'être avec la loi, le rejetteriez-vous ?
» Non, sans doute. J'ose croire même, que
» vous me sauriez quelque gré, en trouvant

» un point de contact entre les propositions
» les plus divergentes , en ménageant tous
» les amours-propres , de vous délivrer d'un
» fardeau qui vous pèse sans doute : car,
» enfin , c'est un fardeau pour des hommes
» essentiellement justes , que de sentir la
» conscience générale d'un corps aussi auguste
» que l'Institut , aux prises avec toutes les
» consciences individuelles.

» J'avais préparé , d'après ces principes ,
» un dernier Mémoire que je devais vous lire
» aujourd'hui ; des réflexions ultérieures , et
» les conseils d'amis sages , m'ont déterminé
» à le supprimer : j'ai senti , que pour des
» hommes tels que vous , il ne fallait qu'un
» trait de lumière , et que votre raison ferait
» le reste : voici donc le simple résultat de
» mon travail , que je soumets à vos lumières.

» Je m'étais proposé , dans l'origine , de
» vous inviter à délibérer sur cette question :
» *Les places des Déportés sont-elles deve-*
» *nues vacantes par la proscription de*
» *Fructidor, ou non ?* Après y avoir réfléchi
» avec maturité , ce mode de poser un grand
» principe m'a paru trop sévère : il laissait
» peut-être aussi quelque nuage sur le droit
» secondaire des successeurs des Déportés :

» voici comment , sans m'écarter de la jus-
» tice primordiale , j'amenderais la proposi-
» tion sur laquelle j'invoque vos lumières.

» *Quand on a été élu légalement Membre*
» *de l'Institut, peut-on cesser de l'être?*

» Voyez avec quelle facilité cette propo-
» sition s'amalgame avec toutes les opinions,
» qui se heurtent dans cette Assemblée, avec
» tous les intérêts qui nous divisent.

» Si, d'après la logique, la morale et toutes
» les convenances politiques et littéraires ,
» vous décidez l'affirmative, les quatre Dé-
» portés , pour lesquels je réclame depuis
» trente mois, sont reconnus titulaires, et
» s'associent de droit à nos travaux.

» Leurs Successeurs , qui, au fonds, ne
» sauraient être punis de notre faiblesse, se
» trouvant aussi , légalement élus, restent
» Membres secondaires de l'Institut, jusqu'à
» la vacance des trois premières places, dont
» ils deviendront titulaires sans réélection.

» Observez, Citoyens, que par cet accom-
» modement entre une sagesse de circons-
» tances, et les principes qui sont de tous
» les tems, la grande objection sur le nombre
» sacré de 144, qu'on a rappelée cent fois,
» quoique cent fois elle ait été réfutée, tombe

» d'elle même, et de la manière la plus évi-
» dente : car, si vous décidez que *quand*
» *on a été légalement élu Membre de*
» *l'Institut, on ne peut cesser de l'être ,*
» vous jugez en même-tems qu'il ne peut y
» avoir que des titulaires parmi nous ; or,
» les Membres de la seconde formation ne
» l'étant pas, il est démontré que nous restons
» essentiellement au nombre de 144, ce qui
» justifie notre arithmétique, de l'atteinte ap-
» parente qu'elle porterait à la loi.

» Mais, dira-t-on, ce mode exclut les Suc-
» cesseurs des Déportés. Point du tout : il
» fait pour eux infiniment plus que vous n'avez
» voulu faire pour les vrais titulaires : vous
» vous êtes contentés d'inviter ces derniers à
» assister à vos séances, et moi, non-seulement
» je donne à nos Collègues secondaires ce
» froid privilège, mais encore je leur donne
» tous ceux qui ne vous mettent pas en con-
» tradiction avec la loi. Sur-tout j'assure leur
» propriété, en les dérobant à la honte d'une
» réélection.

» En un mot, d'après le mode que je pro-
» pose, les Titulaires seuls seront sur la liste
» officielle , la loi n'en demande pas davan-
» tage : les Membres de la seconde nomina-

» tion délibéreront concurremment avec ces
» derniers, excepté dans le cas métaphysique
» où notre réunion excèderait le nombre de
» 144, ce qui est un nouvel hommage à la
» loi : enfin, le droit de séance et l'indem-
» nité seront abandonnés à la délibération
» des Membres mêmes que ces objets inté-
» ressent, et qui (j'en jure par l'honneur qui
» les anime tous) ne lutteront ensemble que
» de générosité.

» Eh ! qu'on ne dise pas que les Succes-
» seurs des Déportés ne seront alors que des
» Surnuméraires : ils ne doivent point être
» censés tels, parce que leurs Mémoires en-
» richiront notre Recueil, parce qu'ils déli-
» béreront avec nous, parce qu'ils jouiront
» exclusivement, ou du moins, entreront en
» partage de l'indemnité.

» Mais quand même le partisan des formes
» s'obstinerait à ne voir dans les membres
» de la nomination Fructidorienne que des
» Surnuméraires, en quoi cette dénomination
» blesserait-elle leur délicatesse? Je trouve
» dans les Registres de l'Académie Française
» un exemple en ce genre très-remarquable:
» elle voulait récompenser Pelisson, l'hé-
» roïque ami du Surintendant Fouquet, de

» s'être fait son Historiographe : mais son
» nombre de Quarante était complet, et son
» réglement lui défendait de l'outre-passer :
» alors elle le nomma le 30 décembre 1652,
» Surnuméraire, jusqu'à la vacance de la pre-
» mière place, ce qui arriva à la fin de l'an-
» née suivante, époque où ce dernier pro-
» nonça un second discours de réception. On
» ne voit pas que l'Académie, toute enchaî-
» née qu'elle était par quelques formes ser-
» viles, se crut obligée, pour concilier sa
» reconnaissance avec la loi, de consulter
» le Gouvernement.

   » Eh bien, dans une circonstance pareille,
» je me montrerai plus difficile que la pre-
» mière de nos Académies ; je proposerai moi-
» même de consulter un Gouvernement tuté-
» laire, qui saura concilier tout, puisqu'il a
» tout régénéré : mais il faut d'abord que l'Ins-
» titut se prononce seul sur le principe que
» les Déportés occupent une place inamo-
» vible : la France entière a les yeux sur
» lui, et il se prononcera sans doute, parce
» qu'il se manquerait à lui-même, s'il atten-
» dait un ordre du Gouvernement pour ne
» pas descendre au-dessous de sa gloire, et
» conserver le sentiment de sa dignité.

» Je me résume, et je demande que l'Ins-
» titut aille aux voix par scrutin secret, pour
» donner son suffrage affirmatif ou néga-
» tif sur cette proposition : *Quand on a*
» *été élu légalement membre de l'Institut,*
» *peut-on cesser de l'être?* Je demande le
» scrutin secret, que personne n'a le droit
» de me refuser, parce qu'il est le seul qui
» exposant à nud la conscience de chacun
» de nous, mettra le Public à portée d'ap-
» précier la vraie opinion de la masse de
» l'Institut ».

Un des Chefs du parti, appelé non à éclairer mais à vaincre, demande à me répondre :
il accuse d'abord de métaphysique le principe fondamental, sur lequel je sollicitais
le scrutin secret de l'Institut, *quand on a*
été légalement élu membre d'un Corps lit-
téraire, peut-on cesser de l'être; et d'après
ce grave délit de métaphysique, dont l'innocence de ma proposition était bien loin de
se douter, il conclut qu'elle est digne de
tous les anathèmes littéraires; ce qui était
puissamment raisonner... en métaphysique.

Ensuite l'Orateur, effleurant le fonds de la
question, avoue que le Gouvernement Fructidorien a bien fait *quelques injustices,* qu'il

s'est bien montré *quelquefois* oppresseur, mais il en conclut que la lettre de cachet qui nous a enjoint de donner des successeurs à nos Collègues vivans et non jugés, est bonne, et qu'elle doit être maintenue dans ses effets ; ce qui est puissamment raisonner.... en politique Révolutionnaire.

Enfin il revient à l'argument tiré des nombres mystérieux de Pythagore, qu'il faut ôter trois unités à 147 pour faire 144, et il en conclut que délibérer d'après mon principe, qu'il faut être juste avant de songer à être Géomètre, c'est enfreindre nos lois et outrager la Patrie et le Gouvernement, ce qui est puissamment raisonner.... en arithmétique.

Une pareille Catilinaire, dont d'ailleurs la dureté du fonds n'était point tempérée par l'aménité des formes m'avait ôté ce calme précieux, sans lequel on ne peut ni juger les coups d'un adversaire, ni les parer ; je demandai avec quelque violence à sauver l'honneur de l'Institut des conseils du Préopinant, et mon innocente proposition du délit de sa métaphysique : le Président, homme sage, et qui, dans la position la plus délicate, ne manqua ni aux Athlètes qui combattaient dans l'arène de l'Institut, ni à lui-même, me voyant trop échauffé, me refusa la parole, et fit très-bien : car, dans tout Corps essentiellement libre, la sagesse, pour l'homme qui en est l'organe et l'interprète, consiste à prévenir les oublis de convenance, qu'il n'est pas dans son pouvoir de punir.

Cependant, on réclamait de divers points de la salle l'ordre du jour : c'est l'arme favorite de tout ce qui aime à vaincre sans courir le hasard du combat. Il est si commode de s'étayer de l'autorité pour triompher de la raison, de condamner au silence la logique qui nous condamne au remords ! Heureusement, le vénérable Desessarts, fort de la puissance que lui donnaient sur les esprits sa dialectique nerveuse et sa longue expérience, vint démontrer l'absurdité de juger une cause en dernier ressort, en défendant de la plaider : une foule de bons esprits se réunit à lui, et l'ordre du jour fut solemnellement rejetté.

Alors, le champ resta ouvert à deux Orateurs accoutumés à plaider sur la scène Française la cause du goût et de la raison : l'un, Legouvé, parla peu, parce qu'il parla au milieu du tumulte ; mais tout ce qu'il dit émanait sans peine d'une raison profonde et d'une éloquente sensibilité : l'autre, Colin d'Harleville, plus agguerri aux orages d'une grande Assemblée délibérante, se livra avec plus d'étendue aux mouvemens oratoires que la cause des Déportés lui suggérait : la persuasion résidait sur ses lèvres, comme sur celles du Nestor de l'Iliade ; mais, si dans les âges héroïques où l'on sent, l'éloquence du cœur amollit les marbres, dans les siècles immoraux, où le froid compas de l'analyse tue le sentiment, on est à l'abri d'une pareille séduction : les Dissidens se révoltèrent contre la douce mélodie d'Orphée, comme l'habitant des cachots contre le jour importun qui l'éclaire ; et la cause de la morale, dont tout ce qui avait la moindre étincelle de courage appelait le succès par ses vœux, ne put avancer d'un pas.

Cependant, il faut être juste : il se trouva parmi les Dissidens des Hommes pleins de lumières, qui, partant de mes principes pour arriver à d'autres résultats, critiquèrent avec force, mais aussi avec décence, les moyens que j'employais pour rendre l'Institut à lui-même : l'un d'eux, après avoir réclamé contre l'inamovibilité de nos places, m'attaqua sur le mot de *Titulaires*, que je donnais aux illustres victimes de Fructidor, Pastoret, Si-

card , Fontanes et Barthélemy : c'est alors
que , résumant pour rétablir cette vérité fondamentale , une partie des preuves éparses
dans mes Mémoires : « Oui , lui répondis-je ,
» seuls ils sont Titulaires , parce qu'ils ont
» été nommés légalement , et sur-tout libre-
» ment, au berceau même de l'Institut ; parce
» que la pérennité de leurs places ne pouvait
» se perdre que par la forfaiture , qui n'a
» jamais été prononcée : parce que la loi
» de notre institution nous donne bien le
» pouvoir d'élire , mais non celui de rayer ;
» parce qu'enfin, la force qui suspend la jouis-
» sance du titre , n'anéantissant pas le titre lui-
» même , du moment que la loi de proscrip-
» tion Fructidorienne tombe en désuétude,
» ses nobles victimes redeviennent de fait,
» comme elles l'étaient de droit , membres
» de l'Institut. Ces principes sont au-dessus
» de toute atteinte , parce qu'ils sont fondés
» sur la logique de la nature , sans laquelle
» il n'y aurait point de pacte social, sur la
» morale qui a précédé les lois , et sur le
» droit sacré de propriété , antérieur à l'ins-
» titution de tous les Gouvernemens ».

Ces mots écoutés avec plus de calme que
je ne devais en attendre , parurent à quel-

ques égards les derniers soupirs de la liberté
expirante : de ce moment le tumulte s'accrut
par degrés , et l'impossibilité de maîtriser les
flots d'une mer Démocratique ne laissa plus
aux nombreux amis de la gloire de l'Institut,
que la présence d'esprit suffisante pour en
calculer les ravages.

Soyez bénis cependant , intrépide Hallé ,
vertueux Brisson, et vous tous dignes interprètes de l'opinion publique , qui dans l'intervalle des calmes passagers que faisait naître
la lassitude des combats, fîtes plus d'une fois
entendre de ces mots lumineux, qui vont éveiller le courage dans l'homme indifférent , et
peut-être le remords dans l'ame passionnée à
qui la politique du moment n'a pas fait ab-
jurer sa conscience : ces mots ne regardaient
pour l'ordinaire que les Successeurs des Déportés présens à cette séance, et comme leur
cœur généreux les a recueillis , il est inutile
de les transmettre à l'Histoire.

Je voudrais aussi faire oublier à l'Institut
des phrases plus qu'indiscretes , échappées au
milieu d'un enthousiasme démagogique, à un
de nos Collègues dont nous respectons tous
les lumières et la probité : mais la nécessité
de réfuter l'idée même , me contraint de lui

laisser le style extraordinaire qui la carac-
térisait : *Je trouve bien plaisant*, dit l'Orateur, *qu'on s'avise ici de ramener sans
cesse l'Institut sur une cause, qu'il a déjà
plusieurs fois solemnellement jugée.* Ma réponse n'aura rien de *plaisant*, parce que je
me croirai toujours, non sur le théâtre d'Aris-
tophane, mais dans les antiques jardins d'Académus : et je *m'aviserai* de l'énoncer avec
quelque énergie, parce que, fort de l'opinion générale qui m'environne, je la trou-
verai, avant de parler, dans le cœur de la
foule d'hommes de bien qui composent la
masse de l'Institut.

L'Institut n'a jamais prononcé sur la cause
que j'évoque depuis trente mois à son tribunal, et j'en ai pour garans la conscience
qu'il a de sa dignité, l'esprit public qui l'entoure de ses rayons, et l'accroissement gradué des suffrages que nous ont valu les défaites mêmes qu'on s'est flatté de nous faire
éprouver.

Je voudrais bien savoir si l'Institut a jugé
les Déportés, après la proscription Fructidorienne, lorsqu'aussi passif que le Sénat de
Tibére, il se laissait décimer sans se plaindre,
fatiguant peut-être, comme le dit Tacite, des
maitres

maîtres impérieux, des hommages de la servitude.

Je voudrais bien savoir si l'Institut a jugé, dans sa séance du 5 Germinal, lorsque mon Mémoire à la main, Mémoire que les consciences individuelles de la majorité de mes Collègues avaient sanctionné, j'ai demandé quatre fois la parole contre l'élection illégale de Carnot, qui allait jetter un nuage sur le droit sacré des Déportés, et que quatre fois la parole m'a été refusée : lorsque protestant solemnellement contre ces violations des formes conservatrices de la liberté, on n'a prononcé ni sur le fonds de la cause, ni sur la protestation qui invalidait les mesures du moment, et que l'Assemblée, croyant sans doute délibérer encore sous le couteau Fructidorien, a passé froidement à l'ordre du jour.

Je voudrais bien savoir si l'Institut a jugé, dans sa séance du 5 Floréal, lorsque, dans un moment d'enthousiasme, ayant paru reconnaître, avec une touchante unanimité, le droit qui rappelait auprès de lui nos honorables Collègues, il a gâté ensuite cette explosion sublime, par l'arrêté froidement cruel qui, en les invitant à se déshonorer dans ses séances, les rejette de son sein.

M

Je voudrais bien savoir enfin si, dans la
séance même du 5 Prairial, dont l'Histoire
appelle en ce moment et repousse mes crayons,
l'Institut a jugé les hommes intrépides, qui
voulaient faire sanctionner, par des Collègues
qu'ils révèrent, la sentence en leur faveur que
le Public avait déjà prononcée : non sans doute :
car ce n'est point en jettant, au milieu du
sanctuaire paisible des Lettres et des Arts,
les formes un peu barbares des Assemblées
politiques, qu'on réussira à faire de notre
Lycée un Aréopage : ce n'est pas avec des
questions préalables, qui semblent un bar-
barisme au nourrisson des Muses, des *clô-
tures de discussion* qu'on n'a pas commencée,
des dénis de justice sous le nom d'*ordre du
jour*, qu'on jugera la cause auguste des victimes sacrées du malheur, de ces hommes
non moins purs que magnanimes, qui vien-
dront, les uns le visage altéré par le ciel pestilentiel de Sinnamary, les autres couverts de
la poussière des tombeaux où ils se sont en-
sevelis vivans, oublier auprès de nous leurs
longues injures ; qui nous diront : notre vœu
était de déposer nos inimitiés dans le Temple
pacifique des Arts, et avec vos demi-mesures
vous les réveillez toutes : le cœur de tous les

gens de bien nous offre un asyle , et vous nous
en refusez un que nous ne devions perdre
qu'en cessant d'être , celui de la patrie littéraire que nous fondâmes , et dont nous re-
gardions la bienveillance , pendant tout le
cours de notre carrière , comme le gage le
plus sûr de notre immortalité.

La cause des Déportés est donc encore aussi
neuve aujourd'hui , qu'elle l'était il y a trente
mois : quatre de nos séances générales ne
l'ont pas même entamée , et elle ne sera
jugée en dernier ressort que lorsque l'Institut revenant , avec sa loyauté connue , sur
tous les actes qu'une politique de circonstances lui a arrachés depuis Fructidor , il
rendra à nos Collègues , de première origine ,
le plus précieux de leurs biens dans toute
son intégrité , et annullera ainsi par un trait
mémorable de justice , tous les anciens monumens de sa faiblesse.

En attendant ce jour heureux que l'amé-
lioration toujours croissante de l'esprit public
prépare en silence , *j'aviserai* par décence ,
par amour de l'ordre , par enthousiasme pour
le premier Corps Littéraire de l'Europe , *j'aviserai* , dis-je , aux moyens de ramener avec
fruit nos Collègues sur le champ de bataille.

M 2

sans cesse je leur montrerai dans le système
raisonné d'inertie qu'ils ont adopté, leurs
droits méconnus, leur gloire chancelante,
leur liberté compromise; et si Caton finissait
toutes ses opinions sénatoriales par le conseil
de détruire Carthage, moi je commencerai
toutes les miennes, par le vœu fortement
prononcé d'être juste envers les Déportés,
pour forcer la génération qui s'élève à être
juste un jour envers l'Institut.

Pendant que toutes ces idées libérales fer-
mentaient dans ma tête, les Dissidens battus,
sur l'*ordre du jour*, changeaient leur plan
d'attaque, et ramenaient de leur côté les esprits incertains, par l'adoption de la *question
préalable*: il est bien avéré, par les aveux
ingénus d'une foule de Membres, que plus de
la moitié de l'Institut ignorait ce que c'était
qu'une *question préalable*: ce mot ne présentait aucun sens dans la grammaire des Arts,
la seule en usage parmi les Gens de Lettres:
d'ailleurs, son défaut d'harmonie le rendait
aussi difficile à prononcer qu'il l'était déjà à
définir: malheureusement les Sociétés Sa-
vantes, comme les Sociétés populaires, se
mènent souvent avec des mots, dont l'homme
adroit qui les imagine a seul l'intelligence;

la *question préalable* descendit du Ciel parmi nous, et y fit fortune : sans ce mot magique, qui devint un talisman, entre les mains des ennemis des Déportés., jamais l'Institut, dans sa séance de Prairial, n'aurait eu à rougir de sa honteuse victoire.

Pour connaître les ressorts secrets de cet évènement, dont le Journal de Paris et ceux qui l'ont transcrit, n'ont rendu qu'un compte infidèle, il est bon d'être instruit de quelques faits d'autant plus précieux, qu'ils associent le spectateur au jeu des personnages, en le plaçant du côté des machines.

J'avais conjuré l'Institut, au nom de sa gloire, de voter dans cette cause mémorable, *par scrutin secret*, afin de mettre à nud la pensée originelle de chaque opinant : mes dignes Collègues Legouvé et Colin-d'Harleville avaient appuyé mon vœu : j'ose croire même que la grande majorité de l'assemblée le desirait ainsi ; cependant une demande aussi sage fut toujours éludée : les agens secrets de nos dissentions s'inquiétaient peu de savoir quelle était la pensée franche et pure de la masse des Gens de Lettres : ils ne voulaient que mener par un fil invisible cette masse des Gens de Lettres, et grace à une tactique sa-

M 3

vante , dont la marche couverte nous échappa , ils y réussirent.

D'un autre côté, le plan primitif des Dissidens , à l'origine de la séance, avait été manifestement d'écarter la belle question de droit sur les Déportés par *l'ordre du jour :* heureusement ce mot, tiré de la grammaire de la politique , à force d'être répété dans nos séances littéraires , avait un sens pour chacun de nous : j'avais d'ailleurs parlé avec quelque vigueur en Germinal et en Floréal contre ce mode absurde de juger une cause sans la discuter : j'avais fait entendre que ce n'était pas à un Corps reconnu pour le foyer des lumières, à les éteindre. Aussi, préparés à ce genre d'attaque, il nous fut aisé de le rendre inutile : les nombreuses réclamations en faveur de *l'ordre* couvrirent tellement pendant toute la séance la voix tumultueuse des Dissidens , que jamais on n'y passa réellement *à l'ordre du jour.*

C'est au milieu de ces succès partagés , où l'un des partis s'applaudissait d'avoir échappé au *scrutin secret* , et l'autre à *l'ordre du jour ,* qu'une voix inconnue fit entendre le mot nouveau de *question préalable :* on se garda bien d'en prouver le besoin, ou sim-

plement de le définir ; il parut plus court de
le naturaliser à l'instant dans notre grammaire :
nous avions tous l'air, en ce moment, d'assister aux mystères religieux d'Éleusis : celui
qui nous initiait, laissait échapper d'un ton
d'oracle, un terme de la langue secrète, et
nous, sans oser le traduire, nous l'adoptions
sur la foi de l'Hyérophante.

Ce qui démontre bien que la religion de
l'Institut a été surprise dans la séance dont
je suis l'Historien, c'est que le mot de *ques-*
tion préalable repousse encore plus toute
délibération que celui d'*ordre du jour* : or,
si la masse des Gens de Lettres n'avait pas
été dans une ignorance absolue de son accep-
tion grammaticale, il est hors de doute qu'elle
aurait réclamé, avec encore plus de force,
contre ce mot de ralliement des Dissidens,
que contre celui qu'ils avaient adopté à l'ouverture de la séance : l'Homme éclairé peut
être crédule, mais du moins, il est conséquent ; on ne le voit pas à la même heure,
se prononcer avec force contre une violation
de justice, et l'admettre ; se laisser battre sur
une *question préalable*, quand il a été vainqueur sur un *ordre du jour*.

Cette malheureuse *question préalable*, a

cependant décidé la honteuse victoire des Dissidens à la séance de Prairial : quatre fois on a été aux voix pour l'admettre ou la rejetter , et quatre fois nous avons eu le dessous dans ce genre inégal de combat ; mais il n'y a pas plus de honte aux Déportés d'avoir paru céder, dans la plus belle des causes , à la manœuvre oblique des *questions préalables* , qu'à un noble partisan de Dieu , de se perdre un moment dans le dédale tortueux des Idéologues, ou à Galilée d'avoir vu foudroyer son beau système planétaire , avec des décrets d'Inquisiteur , des *Quiddités* et des *Enteléchies.*

La *question préalable* , une fois admise pour couper tous les nœuds gordiens, il ne resta plus aux hommes vertueux qui rougissaient d'avance du rôle qu'on allait leur faire jouer, que d'amener la délibération de l'Institut sur un mode moyen d'accorder toutes les opinions , en abandonnant notre gloire entre les mains du Gouvernement.

Les premières idées de ce plan conciliateur venaient de moi : on a dû voir que , dès le commencement de la séance, j'avais proposé, d'abord que l'Institut se prononçât seul sur l'inamovibilité des places des Déportés, en-

suite , qu'il *consultât* sur le mode d'exécution *un Gouvernement tutélaire qui saurait
concilier tout , puisqu'il avait tout régénéré :*
cette seconde partie de mon opinion , isolée
de la première , fut reprise avec force par
les citoyens Sabbatier et Cuvier , et devint
neuve entre leurs mains , par le talent qu'ils
y mirent, comme elle devait être plus influente
par le ton de dignité qui l'accompagna : malheureusement , les esprits étaient encore dans
l'effervescence : et cet avis , tout sage qu'il
pouvait paraître dans une circonstance aussi
difficile , n'aurait point été admis aux honneurs de la délibération , sans l'intervention
d'un membre du Sénat , aussi étranger aux
querelles de parti , que propre à réconcilier
tout ce qui l'entoure , avec la justice, la morale et les lumières.

Lacépède (il ne faut nommer ici que les
hommes avoués avec orgueil par les Déportés,
pour leurs défenseurs), Lacépède développa
avec un art infini le systéme, qu'un Gouvernement oppresseur ayant fait le mal, c'était
au Gouvernement tutélaire qui le remplaçait
à le réparer : il proposa de statuer à l'instant
sur le principe, et de confier la rédaction de
l'arrêté à une Commission qui ferait son rap-

port à une autre séance : cette opinion fut appuyée avec force ; je déclarai hautement au Président que je m'y réunissais moi-même, et Colin-d'Harleville prit la plume pour faire lui-même un modèle d'arrété sur un plan qui semblait réunir la grande majorité des suffrages : nous touchions à la fin de la séance , et tout nous annonçait que les Déportés allaient, malgré les Dissidens , remporter un nouveau triomphe, lorsqu'un second Membre du Sénat , tirant, en Orateur habile, un grand parti de notre crédule faiblesse , ramena la victoire sous d'autres drapeaux.

Ce dernier discours tendait à prouver qu'il y avait un grand danger, quand il ne s'agissait que de notre justice intérieure, à s'adresser au Gouvernement : il laissait entrevoir, que si nous demandions une loi provisoire pour expliquer l'institution primitive de nos 144 Membres, on pourrait porter des regards sévères sur d'autres branches de nos règlemens : il faisait craindre qu'en voulant faire réorganiser dans le moindre point l'Institut, il ne prît envie au Pouvoir de le désorganiser : assurément , toutes ces terreurs étaient de vaines chimères : il était bien évident qu'un Gouvernement tutélaire qui avait été obligé, pour ne pas trop nous environner de décombres, de respecter quelques-unes des lois désastreuses du Gouvernement oppresseur qu'il remplaçait, ne frapperait pas de sa coignée la seule Institution noble et grande qui eût fait pardonner à son despotisme : il était bien démontré que le vœu de faire sanctionner les propriétés individuelles de quatre de nos Collègues, ne conduirait pas un homme aussi magnanime que notre Premier Consul, à frapper en masse la grande propriété de l'Institut ; mais la terreur semblait en ce moment planer sur toutes les têtes : il ne fut permis à personne de discuter un avis qui blessait encore moins le droit sacré des Déportés, que la justice bien connue du Gouvernement : on alla aux voix, d'après le mode anti-littéraire de la question préalable, et, grace au silence absolu d'une foule de Membres, les Dissidens s'étant trouvés en majorité, le Président, de lui-même et en son propre et privé nom, déclara que l'Assemblée passait à l'ordre du jour.

Tel est l'exposé fidele des mouvemens de la séance du cinq Prairial : je l'ai étudiée avec calme, quoique je l'eusse ouverte d'une manière très-agitée : j'ai pu mal voir, mais j'ai dit avec franchise tout ce que j'ai vu : j'ai fait plus, j'ai tenté de m'oublier moi-même, au milieu du tumulte que mon courage avait fait naître, afin de rendre les effets de la scène avec plus de vérité : j'étais, sous ce point de vue seul, ce Peintre célèbre de marine, qui, attaché à un mât au sein de la tempête, disait en prenant ses crayons, « cet » orage est beau, et je puis peindre la nature.

Mon tableau d'orage terminé, s'il m'est permis de m'arrêter un moment sur les plus pittoresques de ses effets, voici ce qui résulte de ma manière franche et loyale d'exprimer ce que j'ai vu, encore plus que de mes lumières.

J'ai constamment demandé le vœu de l'Institut sur ce principe : le Titulaire d'une place à vie, quand il a été légalement nommé, peut-il perdre son titre et sa place ? Or, jamais, pendant deux heures de discussion, le scepticisme le plus déterminé n'a osé jeter sur cette vérité fondamentale le plus léger nuage : d'où il s'ensuit manifestement que le refus même de délibérer sur son rejet en fait la sanction, et que l'Institut a reconnu le droit des Déportés, par l'acte même qui semble leur en interdire la jouissance.

J'ai constamment demandé le scrutin secret, pour connaître non la volonté factice,
mais la volonté pure et originelle de l'Institut :
il n'existe aucune loi sociale, aucun règlement
intérieur des Corps Littéraires , qui puisse
s'opposer à ce mode d'émettre son suffrage ;
cependant, une demande si légitime a été
constamment éludée : il est donc bien avéré
que les Dissidens ont craint de mettre à nud
la conscience de la majorité de leurs Collègues, et qu'en nous forçant de voter par la
question préalable, que les quatre cinquièmes
d'entre nous n'entendaient pas , ils ont dit
solemnellement en d'autres termes : les Déportés ont gagné leur cause par le suffrage
tacite des quatre cinquièmes de l'Institut.

Je suis dans l'intime persuasion, d'après la
loyauté bien connue de la masse de l'Institut,
combinée avec son oscillation, ses témoigna-
ges de bienveillance pour nos anciens Collègues, et ses demi-mesures de rigueur, que
ce Corps auguste, quoique mené par un petit
nombre de Dissidens qui l'égarait , n'aurait
pas été fâché que les Déportés , forts de
leurs droits et de l'assentiment de l'opinion
publique, fussent venus eux mêmes conquérir

leurs places inamovibles, en délibérant avec nous et en s'associant à nos travaux.

Enfin, en plaçant dans un foyer unique de lumières tout ce qui s'est passé depuis quatre mois sur cette cause mémorable, je ne puis m'empêcher de reconnaître un accroissement gradué d'esprit public dans l'Institut, à mesure qu'on le faisait dévier des principes : je ne fus appuyé ouvertement de personne dans mon premier plaidoyer de Germinal : en Floréal, dix Membres, par leurs discours éloquens, ou par des mots énergiques jetés à propos, déterminèrent une explosion de justice, qu'on réussit bientôt à rendre inutile : enfin, à la séance dernière de Prairial, il m'a paru, au travers des orages, que quarante de mes Collègues combattaient ouvertement ou tacitement sous nos drapeaux : notre Parti s'accroît donc en raison des résistances qu'on nous oppose, des revers même qu'on nous fait éprouver : encore une défaite, et nous entonnons sur le champ de bataille l'hymne de la victoire.

Au milieu des embarras, des peines, des persécutions de tout genre, qui ont été le fruit de ma persévérance, à plaider sans

fruit la cause de l'innocence opprimée, et
j'ose dire de la Patrie et du Genre humain,
il me reste une consolation bien douce, qu'aucune puissance humaine ne saurait m'arracher;
c'est que je crois n'avoir dévié en rien de
mes principes de tolérance et de philantropie :
j'ai trouvé des ennemis puissans sur ma
route, et je les ai combattus avec décence,
sans les nommer : j'ai été contraint d'entr'ouvrir le rideau qui cachait la longue faiblesse
de l'Institut, et je l'ai fait de manière que
les ombres de ce rideau ne se portassent
point sur les monumens de sa gloire ; j'ai
étendu la main, sans être Lévite, sur l'Arche
sacrée du Gouvernement ; et tout en faisant
pressentir des vérités hardies, je n'ai rien
dit qui pût atténuer le bien que nous a
fait la régénération de Brumaire, et celui
qu'elle nous prépare. Avec cet esprit de réserve et de décence, je regarde la liberté de
la presse comme le plus grand bien qu'a
amené la civilisation ; et malheur aux Rois
héréditaires ou aux Rois amovibles, qui
oseraient en douter! Ils sanctionneraient tôt
ou tard cette vérité, qui les importune, par la
chûte de leurs trônes ou de leurs Républiques.

F I N.

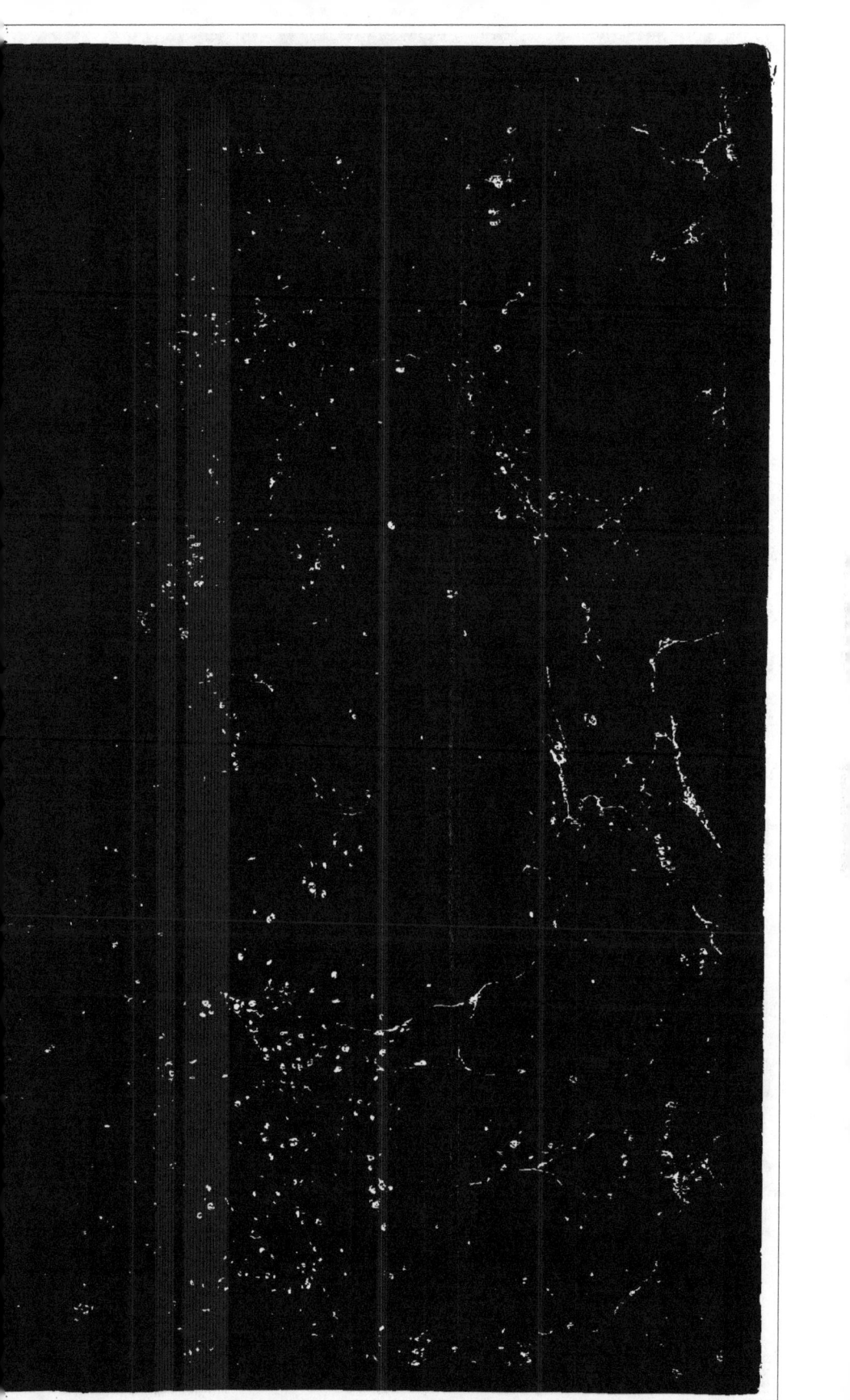

BIBLIOTHEQUE NATIONALE DE FRANCE

3 7531 01499166 6

www.ingramcontent.com/pod-product-compliance
Lightning Source LLC
Chambersburg PA
CBHW071947110426
42744CB00030B/622